コミ.　　　　　　　　　　　　　ードリル

英語のハノン
フレーズ編

中村佐知子　　横山雅彦

筑摩書房

はじめに

　英語が口からスラスラ出てくるようになることを目指す『英語のハノン』シリーズ。第4弾は『英語のハノン／フレーズ編』です。「初級／中級／上級」では、まず文法を理解した上で、徹底的に口頭トレーニングを繰り返しました。この「フレーズ編」は、少しコンセプトが違います。英語には、単語単位ではなくチャンク（単語のかたまり）の状態で言えるようになるべき表現がたくさんあります。こうしたチャンク表現をスラスラ言えるようになるのを目指す、というのがこの「フレーズ編」の目的のひとつです。

　Drill 11.5 から例を取って見てみましょう。

　　The name Helen Merrill <u>sounds familiar</u>. (change)
　　ヘレン・メリルの名前は聞いたことがある。
　➡　The name Helen Merrill <u>rings a bell</u>.

　ring a bell とは「（主語が）聞き覚えがある」という意味の表現です。このフレーズ自体は知っている人もいるかもしれません。しかし、実際に会話で使ったことがある人がどれだけいるでしょうか。まずは「知る」ことが大事ですが、そこで止まっていては宝の持ち腐れです。「知っている」と「使える」の間には大きな隔たりがあります。この現実に気づき、向き合い、ひとつひとつ使える表現にすることが、英会話の実践力アップにつながります。「フレーズ編」では、こうしたチャンク表現を徹底的に口頭トレーニングします。

　「フレーズ編」は、シリーズとしては第4弾ですが、「初級／中級／上級」の前に取り組んでも構いません。「初級／中級／上級」で学び、文法ベースでしっかり練習してから「フレーズ編」に取り組んでもよいですし、「フレーズ編」で、まずは口語表現やチャンク表現を練習してから、「初級／中級／上級」でロジックを理解し練習するのもよいでしょう。順番は問いませんが、著者としてはどちらのアプローチからもスピーキング力を磨いて欲しい、と願っています。

Drill 3.4 の例文を見てください。

My neighbor is <u>friendly</u>. (than I thought)
私のご近所さんは親しみやすい。

➡ My neighbor is <u>friendlier than I thought</u>.
私のご近所さんは思ったより親しみやすい。

　ここでは、〈比較級 + than S think / imagine / expect〉をチャンク表現として練習します。「中級」に取り組んだ人なら、「中級の Unit 12 でやった比較級を使った表現だ！」と、文法的な構造を理解した上でこのドリルに取り組むことができるでしょう。「中級」にまだ取り組んでいない人は、まず「フレーズ編」でこの表現をチャンクの状態で言えるようになってください。そのあと、「中級」で比較級の文法解説に出会った時、「『フレーズ編』のあの表現は、こういう構造を使ったものだったのか」と腹落ちすることになると思います。繰り返しになりますが、順番は問いません。しかし、チャンクの状態で言えるようになることも、文法構造を理解し言えるようになることも、どちらも大事なのだ、ということを覚えておいてください。

　「フレーズ編」では、「初級／中級／上級」でおなじみのドリルに加え、ダイアログのロールプレイング（パート練習）もあります。ロールプレイングを「閉本でスラスラ言える」状態にまでなるには、ダイアログを完全に体得することが求められます。難しいと思うかもしれませんが、「無駄なこと」ではなく「必要なこと」、「できないこと」ではなく「時間をかければできること」と捉え、じっくり取り組むようにしてください。大変ではありますが、登場人物の 1 人になりきり、感情を込めて会話を練習するのは楽しいものです。

　最後になりましたが、私たちのこだわりにいつもとことんつきあってくれる英文校閲のマイケル・モリソンさん、執筆にあたり、私たちを信じ励まし続けてくださった筑摩書房の伊藤大五郎さんに心より感謝申し上げます。

中村佐知子
横山雅彦

目次

この本の特長

『英語のハノン／フレーズ編』では、主に下記の 5 種類の表現を扱います。

1. チャンク（かたまり）の状態で使えるようになるべき表現
2. 一般的な文法ルールからはずれた表現
3. 補足的な文法を用いた表現
4. バリエーションを増やすための表現
5. 会話のいきいきとしたフロー（流れ）の中で身につけるべき表現

1. チャンク（かたまり）の状態で使えるようになるべき表現

　英語には、文法知識を使って組み立てるより、**かたまりのまま丸覚えしておくと便利な表現**があります。たとえば、"How long does it take to do?"「～するのにどれだけ時間がかかりますか？」などです。こうした**定型表現のストック**をたくさん持っていると、**会話をする際とても心強い武器**になります。もちろん、こういった表現も主語や時制に応じて動詞の形を変化させなければなりませんので、**『英語のハノン／初級』で扱っている基本文法が必要**であるということは言うまでもありません。

2. 一般的な文法ルールからはずれた表現

　英語には、**一般的な文法ルールからはずれた表現**があります。たとえば、"Do you want to go play golf sometime next week?" といった文に見られるものです。〈go play golf〉は本来〈go and play golf〉でなければいけませんが、とくに口語では go のあとの and はしばしば省略され、〈go ＋ 動詞の原形〉という形になります。このように「一般的な文法ルールからはずれているがよく使われる表現」も「フレーズ編」では扱います。

3．補足的な文法を用いた表現

「初級／中級／上級」では取り上げなかった、**補足的な文法**（〈命令文 + or (and) SV〉など）**を使った文**も徹底トレーニングします。

4．バリエーションを増やすための表現

「人の性格や特徴の表現」「病気の表現」など、**表現のバリエーションを増やすためのドリル**も収録しています。

5．会話のいきいきとしたフロー(流れ)の中で身につけるべき表現

"By the way"「ところで」や "No kidding!"「まさか」など、**会話のフロー(流れ)の中でよく使われる表現**は、各 Unit 冒頭のダイアログ（会話文）で学びます。これらは、ドリル練習としては取り上げません。ダイアログのロールプレイング練習を通して体得しましょう。

ドリル用音声ダウンロード特設サイト
https://www.chikumashobo.co.jp/special/Eigo_no_Hanon
ナレーター：アニャ・フローリス、ドミニク・アレン
音声制作：エレック録音スタジオ

本書の使い方

「フレーズ編」は、「ダイアログ」と「ドリル」で構成されています。

ダイアログ（会話文）

　ダイアログの目標は、**閉本でロールプレイングができるようになること**です。そのためには、**ダイアログは完全に覚える**必要があります。「ええっと…」と迷いながら言っていたり、いったん日本語で考えたあとに英訳しているようでは決して間に合いません。**音声と同じスピードで、感情を込めながらスムーズに会話を再現**できるようになるまで練習しましょう。

1. Listening（リスニング）── 開本

　まずは、**開本でしっかりダイアログを聞き、内容を理解**しましょう。難易度を上げたい場合は、本を開く前に「閉本でダイアログを聞き、内容をざっくり理解する」「ディクテーション（閉本で全文書き取り）をする」などのステップを加えるとよいでしょう。

2. Repeating（リピーティング）── 開本 ➡ 閉本

　発話ごとに、**音声に続いてリピート**しましょう。その際、できるだけ音声と同じ発音やイントネーションでリピートするよう意識してください（音の連結や脱落などの英音法については、『英語のハノン／初級』Unit 0 を参照）。開本でリピートしたあと、**必ず閉本でスラスラ言えるようになるまで練習**しましょう。

3. Role Playing（ロールプレイング）── 開本 ➡ 閉本

　会話に登場する 2 人のうち、**1 人の音声のみが流れますので、もう 1 人の役になりきって練習**しましょう。まずは開本でしっかり会話文を覚えるまで練習をしたあと、閉本で練習します。**ネイティブ音声と同じタイミングで、感情を込めて言**

えるようになるまで徹底的に練習しましょう。すべての Unit の音声は「最初の話者の音声のみ収録されているもの（みなさんが 2 番目の話者の役をする）➡「2 番目の話者の音声のみ収録されているもの（みなさんが最初の話者の役をする）」の順番で流れます。最初の話者の役を練習する際は、「ポーン」という効果音が聞こえたあと、すぐに話し始めるようにしましょう。

ドリル

本書のドリルには、次の 2 種類があります。

1) **Consecutive Drill**（連続ドリル）
文に新たな語句を次々に代入するドリルです。
2) **One-Step / Two-Step / Three-Step Drill**（1 段階 /2 段階 /3 段階ドリル）
都度指示に従った形に変換するドリルです。

1) *Consecutive Drill* ⬇ （連続ドリル）の進め方

①Key Sentence を、音声に続いてリピートします（2 回）。すべての英文に和訳がついていますが、和訳の読み上げは録音されていません。

音声		あなた
It sounds hilarious.	➡	It sounds hilarious.
It sounds hilarious.	➡	It sounds hilarious.

②次に英語の単語（またはフレーズ）が聞こえてきますので、Key Sentence の一部にその単語（またはフレーズ）を代入します。

音声		あなた
a serious problem	➡	It sounds like a serious problem.

③単語（またはフレーズ）を代入した文を、音声に続いてリピートします（2回）。

音声		あなた
It sounds like a serious problem.	➡	It sounds like a serious problem.
It sounds like a serious problem.	➡	It sounds like a serious problem.

④英語の単語（またはフレーズ）が聞こえてきますので、文の一部にその単語（またはフレーズ）をさらに代入します。

音声		あなた
look	➡	It looks like a serious problem.

⑤単語（またはフレーズ）を代入した文を、音声に続いてリピートします（2回）。

音声		あなた
It looks like a serious problem.	➡	It looks like a serious problem.
It looks like a serious problem.	➡	It looks like a serious problem.

⑥この後、同様に「英語の単語（またはフレーズ）を文の一部に代入」➡「文を音声に続いてリピート」を最後まで繰り返します。

2）*One-Step Drill* （1 段階ドリル）
Two-Step Drill （2 段階ドリル）
Three-Step Drill （3 段階ドリル）の進め方

①音声に続いてリピートします（2 回）。すべての英文に和訳がついていますが、和訳の読み上げは録音されていません。

音声		あなた
I'm too shy to talk to him.	➡	I'm too shy to talk to him.
I'm too shy to talk to him.	➡	I'm too shy to talk to him.

②音声の指示に従って文を変換します。

音声		あなた
response	➡	Are you?

③変換した文を、音声に続いてリピートします（2 回）。

音声		あなた
Are you?	➡	Are you?
Are you?	➡	Are you?

　ここまでが *One-Step Drill*（1 段階ドリル）の進め方です。*Two-Step Drill*（2 段階ドリル）では 2 段階の変換、*Three-Step Drill*（3 段階ドリル）では 3 段階の変換をすることになりますので、都度指示に従ってください。

登場人物

ユキ

日本の大学の英文科を卒業後、商社で 3 年間勤務。「アメリカの映画業界で働きたい」という夢を諦めきれず、アメリカの大学で映画学を学ぶことを決意し、渡米。

ブライアン

ユキの通う大学で映画学を学ぶ、アメリカ人学生。

Unit 1
Is this seat taken?
（この席誰か座ってる？）

映画学を学ぶため、今日からアメリカの大学へ通うユキ。
緊張した面持ちで教室の席に座っています。
そこへブライアンがやってきて彼女に話しかけます。

Brian　Excuse me. Is this seat taken?

Yuki　No, go ahead.

Brian　Are you a new student here?

Yuki　Yes, I came to the States last week, and today's my first day here. I'm a little nervous.

Brian　*Are you?* You don't look nervous.

Yuki　I *really* am nervous.

Biran　I've been at this school for a year, so you can ask me anything.

Yuki　Thank you.

Brian　By the way,※1 I'm Brian.

Yuki　I'm Yuki. Nice to meet you.

Brian　Nice to meet you, too.

Yuki　*What's* this school *like?*

Brian　I love it so far. The teachers are *friendly*, and the curriculum is good. And above all, the food at the cafeteria is amazing!

Yuki　That *sounds nice.* The class starts at 9 a.m., right?※2

Brian　That's right. Hey, the teacher's coming.

※1　「ところで」と、話題を変えるときに使う表現です。

((• Track No.
Dialog 1.1 •)) Listening

((• Track No.
Dialog 1.3 •)) Role Playing (Yuki's Role)

((• Track No.
Dialog 1.2 •)) Repeating

((• Track No.
Dialog 1.4 •)) Role Playing (Brian's Role)

ブライアン　ごめんなさい、この席誰か座ってる？

ユキ　いいえ、どうぞ。

ブライアン　ここの新しい学生？

ユキ　うん、先週アメリカに来て、今日がここの初日なんだ。ちょっと緊張してる。

ブライアン　そう？　緊張しているようには見えないけど。

ユキ　本当に緊張してるの。

ブライアン　僕、1年間この学校に通ってるから、なんでも聞いてね。

ユキ　ありがとう。

ブライアン　ところで、僕ブライアン。

ユキ　私ユキ。はじめまして。

ブライアン　はじめまして。

ユキ　この学校どう？

ブライアン　今のところすごく気に入ってるよ。先生はフレンドリーだし、カリキュラムはいいしね。そして何よりもカフェテリアの食事が素晴らしいんだ！

ユキ　いいね。授業って9時に始まるんだよね？

ブライアン　そうだよ。あ、先生が来た。

※2　文末に", right?" とつけ、上り調子で言うと「〜だよね？」という同意や確認を表す文になります。多用すると失礼に聞こえることもあるので気をつけましょう。

1.1 あいづち (1) ....

英語では、〈Yes/No 疑問文〉の文頭部分（主語まで）を使い、「へえ、そうなの？」「そうだっけ？」とあいづちを返すことがあります。元の文の主語が人称代名詞以外の場合は、人称代名詞に変えます。

Patricia is a math teacher.	Is she?
パトリシアは数学の教師だ。	へえ、そうなの？
You left your jacket on the chair.	Did I?
椅子にジャケットを忘れていたよ。	そうだっけ？

One-Step Drill 🠮

聞こえてくる文に対するあいづちとなる応答文を作りましょう。

Track No. Drill 1.1

1） I'm too shy to talk to him. (response)
   恥ずかしくて彼に話しかけられないんだ。
   ➡ Are you?
      へえ、そうなの？

2） She was glad to hear the news. (response)
   彼女はその知らせを聞いて喜んでいた。
   ➡ Was she?
      へえ、そうなの？

3） Akira said he'd come to the party. (response)
   アキラはパーティーに来ると言っていたよ。
   ➡ Did he?
      そうだっけ？

※この場合の he'd は he would の短縮形です（『英語のハノン／上級』Unit 12 参照）。

4） He can swim as fast as Ted. (response)
彼はテッドと同じくらい速く泳げるんだ。

➡ Can he?
へえ、そうなの？

5） Today is a national holiday. (response)
今日は祝日だよ。

➡ Is it?
そうだっけ？

1.2 動詞の前につく really

really には、あとに続く語を「**非常に（とても）**」と強調する場合と、本来の語義通りに「**本当に（実際に）**」という意味を持つ場合があります。

通常、形容詞や副詞の前で使う場合は、「非常に（とても）」と強調する意味を持ちます。

He's <u>really</u> tired.
彼は非常に（とても）疲れている。

She can run <u>really</u> fast.
彼女は非常に（とても）速く走ることができる。

動詞の前で使う場合は、「非常に（とても）」「本当に（実際に）」のどちらの意味になる可能性もありますので、文脈から判断しましょう。

「非常に（とても）」という意味を持つ場合

Do you want to have some macadamia nuts?
マカデミアナッツいる？

Yes, please. I <u>really</u> like them.
うん、ちょうだい。私、マカデミアナッツとても好き。

「本当に（実際に）」という意味を持つ場合

Assembling this shelf doesn't look easy to me.
私にはこの棚を組み立てるのが簡単なようには見えない。
Actually, it <u>really</u> is easy.
実際は、本当に簡単だよ。

She doesn't seem to regret what she did.
彼女は自分のしたことを後悔しているようには見えない。
In fact, she <u>really</u> does regret it.
実際は、本当に彼女はそれを後悔しているんだ。
※一般動詞の場合は、強調の do / does / did（「上級」10.2）と一緒に用いられることもあります。

　上の例文のような文脈では文頭に actually や in fact といった副詞（句）を用いるのが自然です。

　「本当に（実際に）」という意味を持つ文は、それぞれ次のように省略されることも多くあります。

Assembling this shelf doesn't look easy to me.
私にはこの棚を組み立てるのが簡単なようには見えない。
Actually, it <u>really</u> is.
実際は、本当に簡単だよ。

She doesn't seem to regret what she did.
彼女は自分のしたことを後悔しているようには見えない。
In fact, she <u>really</u> does.
実際は、本当に彼女はそれを後悔しているんだ。

　2つ目の例の応答文が、She really regrets. ではなく、She really does. となっ
ていることに注意してください。このように、**一般動詞を省略する場合は、助動
詞 do / does / did を使います。**

Two-Step Drill ↷ ↷

　聞こえてくる文に対して、動詞の前に really を置き、「本当に〜だ」という意味
の応答文を作りましょう。その際、聞こえてきた副詞（句）を文頭につけるようにし
ましょう。応答文に一般動詞を使う場合は、動詞の前に強調の do / does / did
を置きます。さらに、省略した形で言い換えましょう。

（(Track No.
Drill 1.2)）

1） She didn't look angry. (Actually)
　　彼女は怒ってるようには見えなかったよ。
　　➡　Actually, she really was angry. (omit)
　　　　実際は、本当に彼女は怒っていたんだ。
　　➡　Actually, she really was.

2） It doesn't sound like a good idea. (In fact)
　　それはいいアイデアではなさそうだなあ。
　　➡　In fact, it really is a good idea. (omit)
　　　　実際は、本当にいいアイデアなんだ。
　　➡　In fact, it really is.

3） He doesn't seem to care about his health. (Actually)
　　彼は健康に気づかっているようには思えない。
　　➡　Actually, he really does care about his health. (omit)
　　　　実際は、本当に彼は健康に気づかっているんだ。
　　➡　Actually, he really does.

4） It doesn't feel like silk. (In fact)
　　シルクのような肌ざわりはしないよ。

➡ In fact, it really is silk. (omit)
　実際は、本当にシルクなんだ。

➡ In fact, it really is.

5) She doesn't seem to like her job. (Actually)
　彼女は仕事が好きなようには見えない。

➡ Actually, she really does like her job. (omit)
　実際は、本当に彼女は仕事が好きなんだ。

➡ Actually, she really does.

1.3 What 〜 like? ·······································

〈What 〜 like?〉は、人・物事の状態や状況を聞く疑問文です。How 〜? を用いた文とほぼ同じ意味を持ちます。

What's the climate in northern Europe like?
北ヨーロッパはどんな気候なの？

➡ How's the climate in northern Europe?

One-Step Drill ↻

How から始まる疑問文を〈What 〜 like?〉を用いた疑問文に言い換えましょう。

((Track No.
Drill 1.3))

1) How's college life? (What)
　どんな大学生活を送ってるの？

➡ What's college life like?

2) How's your new apartment? (What)
　あたらしいアパートはどう？

➡ What's your new apartment like?

3）　How will the weather be tomorrow? (What)
　　　明日の天気はどうなるだろう？
　　　➡　What will the weather be like tomorrow?

4）　How was the management workshop? (What)
　　　経営ワークショップはどうだった？
　　　➡　What was the management workshop like?

5）　How are your subordinates? (What)
　　　あなたの部下はどんな感じ？
　　　➡　What are your subordinates like?

1.4　人の性格や特徴の表現 ···················

形容詞、名詞を使って、人の性格や特徴を表す文を作る練習をしましょう。

形容詞

sociable	社交的な	considerate	思いやりがあって
mean	意地悪な	outgoing	社交的な
generous	気前のいい	stingy	けちな
introverted	内向的な	extroverted	外向的な
laid-back	おおらかな	cheerful	陽気な

　　　Vick is sociable.
　　　ヴィックは社交的だ。

名詞

people person	社交的な人	bookworm	本の虫（大の読書好き）
geek	オタク気質の人	genius	天才
introvert	内向的な人	extrovert	外向的な人

　　　Naomi is a genius.
　　　ナオミは天才だ。

名詞を用いて人の性格や特徴を表す場合は、名詞に不定冠詞（a / an）をつけます。

Consecutive Drill ━▼━

Key Sentence に語句を代入しましょう。必要に応じて、a/an をつけたり取ったりしましょう。

Key Sentence:
Patrick is considerate. (people person)
パトリックは思いやりがある。

1） Patrick is a people person. (introverted)
パトリックは社交的だ。

2） Patrick is introverted. (bookworm)
パトリックは内向的だ。

3） Patrick is a bookworm. (laid-back)
パトリックは本が大好きだ。

4） Patrick is laid-back. (anime geek)
パトリックはおおらかだ。

5） Patrick is an anime geek.
パトリックはアニメオタクだ。

1.5　sound + 形容詞 / sound like + 名詞 ·····················

　形容詞を用いて「〜のようだ」と言う場合は〈sound + 形容詞〉、名詞を用いる場合は〈sound like + 名詞〉の形にします。look、seem、smell、feel、taste も同じ形をとります。正しく使えるようになりましょう。

〈動詞 + 形容詞〉

sound + 形容詞	➡	It <u>sounds</u> good.
		それはよさそうだ（よさそうに聞こえる）。
look + 形容詞	➡	It <u>looks</u> good.
		それはよさそうだ（よさそうに見える）。
seem + 形容詞	➡	It <u>seems</u> good.
		それはよさそうだ（よさそうに思う）。
smell + 形容詞	➡	It <u>smells</u> good.
		それはいい匂いだ。
feel + 形容詞	➡	It <u>feels</u> good.
		それは気持ちいい。
taste + 形容詞	➡	It <u>tastes</u> good.
		それはおいしい。

〈動詞 + like + 名詞〉

sound like + 名詞	➡	It <u>sounds like</u> a good idea.
		それはいいアイデアのようだ
		（いいアイデアのように聞こえる）。
look like + 名詞	➡	It <u>looks like</u> a good idea.
		それはいいアイデアのようだ
		（いいアイデアのように見える）。

seem like + 名詞	➡	It <u>seems like</u> a good idea. それはいいアイデアのようだ （いいアイデアのように思う）。
smell like + 名詞	➡	It <u>smells like</u> fish. それは魚のような匂いがする。
feel like + 名詞	➡	It <u>feels like</u> silk. それはシルクのような肌ざわりだ。
taste like + 名詞	➡	It <u>tastes like</u> chicken. それはとり肉のような味がする。

Consecutive Drill

Key Sentence に語句を代入しましょう。その際、必要に応じて like をつけたり取ったりしましょう。

Track No.
Drill 1.5

Key Sentence:
It sounds hilarious. (a serious problem)
それはとても面白そうだ。

1）It sounds like a serious problem. (look)
それは深刻な問題のようだ。

2）It looks like a serious problem. (good)
それは深刻な問題のようだ。

3）It looks good. (smell)
それはよさそうだ。

4）It smells good. (a rose)
それはいい匂いだ。

5）It smells like a rose.
それはバラのような匂いだ。

Unit 2
Would you like to join us?
(ユキも参加しない？)

授業が終わり、ユキとブライアンは
大学のカフェテリアで雑談をしています。

Brian　Did you hear Dr. Park was involved in the production of *Star Trail*?

Yuki　<u>No kidding</u>[※1]! That's my all-time favorite movie!

Brian　Really? Then ***take his course next semester, and*** you can hear behind-the-scenes stories about the movie.

Yuki　I definitely will!

Brian　So ... you like <u>sci-fi</u>[※2] movies.

Yuki　I really do.

Biran　***I do too.*** I also like reading sci-fi books.

Yuki　Oh yeah?

Brian　Yeah. I have some friends who also love sci-fi, and we often discuss sci-fi stuff.

Yuki　Nice.

Brian　Actually, they'll come over to my apartment this Saturday. ***Would you like to*** join us?

Yuki　Yeah, I'd love to.

Brian　OK, I'll text you the details later.

Yuki　Thank you. I'll probably bring some Japanese snacks. I***'m going to*** go to a Japanese grocery store tomorrow, and get some snacks there.

Brian　Perfect! Ah ... well, ***can I have*** your cellphone number?

Yuki　Sure.

※1　「まさか」「冗談でしょ」といった、信じられない気持ちを表す表現です。
※2　science fiction（サイエンスフィクション）の略語です。

....

((　Track No.　)) Listening
Dialog 2.1

((　Track No.　)) Role Playing (Yuki's Role)
Dialog 2.3

((　Track No.　)) Repeating
Dialog 2.2

((　Track No.　)) Role Playing (Brian's Role)
Dialog 2.4

....

ブライアン　パク先生は『スター・トレイル』の制作に関わってたって知ってた？

　　ユキ　まさか！　それ、私が人生で一番好きな映画だよ。

ブライアン　そうなの？　じゃ次の学期に彼の授業を取るといいよ。そうすれば映画の裏話が聞けるから。

　　ユキ　私、絶対取る！

ブライアン　で、SF 映画が好きなんだ。

　　ユキ　大好きなの。

ブライアン　僕もだよ。SF 小説を読むのも好き。

　　ユキ　そうなの？

ブライアン　うん。SF 好きの友だちが何人かいて、よく SF ものについて話してるんだ。

　　ユキ　いいね。

ブライアン　実は、この土曜日に僕のアパートに来るんだけど、ユキも参加しない？

　　ユキ　うん、すごく行きたい。

ブライアン　オッケー、詳しくは後でメッセージ送るね。

　　ユキ　ありがとう。たぶん日本のスナックを持っていくと思う。明日、日本のものを売ってる食料雑貨店に行って、スナックを買うつもりなんだ。

ブライアン　完璧！　えっと…携帯番号教えてもらっていいかな？

　　ユキ　もちろん。

....

2.1 命令文 + and ···

〈命令文 + and SV〉で「〜したら S は V する / 〜すると S は V する」という意味を表す文になります。

> <u>Walk</u> this way for about ten minutes, <u>and</u> you'll find the convenience store on your right.
> この道を 10 分ほど歩いたら、右手にコンビニがありますよ。

> <u>Place</u> your ID card over the sensor, <u>and</u> you can enter this building.
> センサーに ID カードをかざすと、この建物に入れますよ。

Consecutive Drill ━⬇━

Key Sentence に文を代入しましょう。

Key Sentence:
Go up this street, and you'll find the post box. (Walk three blocks)
この道を行くとポストが見つかるよ。

1) Walk three blocks, and you'll find the post box. (you can find the ATM)
   3 ブロック歩くとポストが見つかるよ。

2) Walk three blocks, and you can find the ATM. (Go straight for about five minutes)
   3 ブロック歩くと ATM が見つかるよ。

3) Go straight for about five minutes, and you can find the ATM. (you'll see the theater on your left)
   5 分ほどまっすぐ行くと ATM が見つかるよ。

4) Go straight for about five minutes, and you'll see the theater on your left. (Turn right at the next corner)
   5 分ほどまっすぐ行くとその劇場が左手に見えるよ。

5)　Turn right at the next corner, and you'll see the theater on your left.
　　次の曲がり角で右に曲がるとその劇場が左手に見えるよ。

2.2　同意の表現（1）⋯⋯⋯⋯⋯⋯⋯⋯⋯⋯⋯⋯⋯⋯⋯⋯⋯⋯⋯⋯⋯⋯

　肯定文に対して「〜もそうだ」と同意する表現には〈So + 疑問文の語順〉（「中級」14.3 参照）がありますが、〈**S + 助動詞 / be 動詞 + too**〉という言い方もできます。助動詞や be 動詞は、主語に応じ、形を変えて使いましょう。

I'm from Osaka.　　　　　　　　I am too.
私は大阪出身だよ。　　　　　　　私も。

I jog every morning.　　　　　　My brother does too.
私は毎朝ジョギングをするんだ。　私の弟（兄）も。

One-Step Drill 🔁

　聞こえてくる文に対し、さらに聞こえてくる語句を主語とする「〜もだ」という応答文を作りましょう。

🔊 Track No.
Drill 2.2

1)　I'm in. (I)
　　私、参加する。
　　➡　I am too.
　　　　私も。

2)　I can join the lunch meeting. (I)
　　私、ランチミーティングに参加できるよ。
　　➡　I can too.
　　　　私も。

3） I failed the test. (I)

試験に落ちちゃった。

➡　I did too.

私も。

4） My grandfather was a high school teacher. (My grandfather)

私の祖父は高校教師だったんだ。

➡　My grandfather was too.

私の祖父も。

5） I've already done my homework. (I)

もう宿題を終えたよ。

➡　I have too.

私も。

2.3　勧誘の表現（1）··

「〜しませんか？」と人を**勧誘する**表現にはいろいろありますが、ここでは
〈Do you want to 〜?〉と〈Would you like to 〜?〉の 2 つを練習しましょう。

Do you want to come with us?

私たちと一緒に来ない？

Would you like to join our book club?

私たちの読書会に参加しませんか？

〈Do you want to 〜?〉はカジュアルな表現です。ビジネスシーンでは〈Would you like to 〜?〉を使うようにしましょう。

〈want to〉はしばしば「**ワナ**」と**発音**されます。「フレーズ編」では、この発音で練習しましょう。

Consecutive Drill

Key Sentence に語句を代入しましょう。

**Track No.
Drill 2.3**

Key Sentence:
Do you want to go to the organic restaurant sometime next week? (Would you like to)
来週のどこかでそのオーガニックレストランに行かない？

1） Would you like to go to the organic restaurant sometime next week? (go play golf)
来週のどこかでそのオーガニックレストランに行きませんか？

2） Would you like to go play golf sometime next week? (Do you want to)
来週のどこかでゴルフに行きませんか？

　※go play golf = go and play golf で、and が省略されています。このように〈go and 動詞〉の and
　　はしばしば省略され、go のあとに動詞の原形が続きます（8.1 参照）。

3） Do you want to go play golf sometime next week? (come to my place)
来週のどこかでゴルフ行かない？

4） Do you want to come to my place sometime next week? (this Saturday)
来週のどこかでうちに来ない？

5） Do you want to come to my place this Saturday?
今週の土曜にうちに来ない？

2.4　be going to do ┈┈┈┈┈┈┈┈┈┈┈┈┈┈┈┈┈┈┈┈┈┈┈┈┈┈┈┈

〈be going to do〉は、**将来にすること、起こることを表す際に用いる表現**です。この表現には be going（今向かっているところである）といったイメージが伴い、「すでにそこに向かって（気持ちや状態が）動き出している」ことに対して使います。

> I'm going to visit my aunt in the hospital on Sunday.
> 日曜日に、病院にいるおばさんをお見舞いに行くんだ。
> ※すでに行く気持ちでいる。

> It's going to start raining soon.
> もうすぐ雨が降り出すだろう。
> ※すでにその兆候があらわれている。

〈going to〉は**しばしば「ガナ」と発音**されます。「フレーズ編」では、この発音で練習しましょう。

Consecutive Drill ━⬇━

Key Sentence に語句を代入しましょう。

Track No.
Drill 2.4

Key Sentence:
I'm going to study at the library this afternoon. (We)
今日の午後、私は図書館で勉強するつもりだ。

1）　We're going to study at the library this afternoon. (hang out at McDonald's)
今日の午後、私たちは図書館で勉強するつもりだ。

2）　We're going to hang out at McDonald's this afternoon. (Ian and I)
今日の午後、私たちはマクドナルドでだらだらすごすつもりだ。

3) Ian and I are going to hang out at McDonald's this afternoon. (go to the gym)
   今日の午後、イアンと私はマクドナルドでだらだらすごすつもりだ。

4) Ian and I are going to go to the gym this afternoon. (She)
   今日の午後、イアンと私はジムに行くつもりだ。

5) She's going to go to the gym this afternoon.
   今日の午後、彼女はジムに行くつもりだ。

2.5　Can I have / get 〜？···

　「〜をもらえますか？」と言いたいとき、〈Can you give me 〜?〉と言ってももちろん間違いではありませんが、英語では〈Can I have 〜?〉や〈Can I get 〜?〉を使うことの方が多いので、覚えておきましょう。

　　Can I have a moment?
　　少し時間もらえますか？

　　Can I get some coffee?
　　コーヒーをもらえますか？

〈Could I have 〜?〉や〈Could I get 〜?〉にすると丁寧な表現になります。

　　Could I have a moment?
　　少し時間をいただけますか？

　　Could I get some coffee?
　　コーヒーをいただけますか？

Consecutive Drill ━↓━

Key Sentence に語句を代入しましょう。

 Key Sentence:
Can I have a cup of tea? (get)
お茶を1杯もらえますか？

1) Can I get a cup of tea? (a receipt)
   お茶を1杯もらえますか？

2) Can I get a receipt? (Could)
   領収書をもらえますか？

3) Could I get a receipt? (a copy of the meeting agenda)
   領収書をいただけますか？

4) Could I get a copy of the meeting agenda? (have)
   会議のアジェンダのコピーをいただけますか？

5) Could I have a copy of the meeting agenda?
   会議のアジェンダのコピーをいただけますか？

Unit 3
I appreciate your advice
（アドバイスをくれてありがとう）

....

ブライアンの家でのパーティーが終わり、玄関先で 2 人が話しています。

Yuki   It was a nice party, Brian.

Brian   <u>Glad to hear that</u>[※1]. *Thanks for coming.*

Yuki   *Thanks for having me.*

Brian   What class do you have tomorrow?

Yuki   Well, I don't remember the course title, but I'll have Dr. Hayward's class.

Biran   Oh, *don't be late, or* you'll regret it.

Yuki   Why do you say that?

Brian   He'*s famous for* his strict grading.

Yuki   I don't mind strict teachers. Actually, I quite like them.

Brian   I heard <u>only five students out of thirty</u>[※2] passed his course last year.

Yuki   Wow, he sounds *stricter than I imagined.*

Brian   As a matter of fact, I was one of the five. I previewed and reviewed all his classes, and asked him questions when I had something I couldn't understand.

Yuki   Oh, did you?

Brian   Yeah, I recommend you do the same.

Yuki   I will. Thanks for your advice. *I* really *appreciate* it.

Brian   Anytime!

....

※1　文頭の I'm が省略されています。

Track No. Dialog 3.1　Listening

Track No. Dialog 3.2　Repeating

Track No. Dialog 3.3　Role Playing (Brian's Role)

Track No. Dialog 3.4　Role Playing (Yuki's Role)

ユキ　いいパーティーだったよ、ブライアン。

ブライアン　それはよかった。来てくれてありがとう。

ユキ　招待してくれてありがとう。

ブライアン　明日は何の授業があるの？

ユキ　えっと…科目名は覚えてないんだけど、ヘイワード先生の授業があるよ。

ブライアン　遅れちゃダメだよ。後悔するから。

ユキ　どうしてそんなこと言うの？

ブライアン　ヘイワード先生は、成績を厳しくつけることで有名なんだ。

ユキ　私、厳しい先生は平気だよ。実はすごく好きなの。

ブライアン　去年、30人の学生の内たったの5人しか彼の授業に通らなかったと聞いたよ。

ユキ　わあ。私が想像したよりも厳しそうだね。

ブライアン　実をいうと、僕がその5人の内の1人なんだ。全部の授業の予習と復習をして、わからないことがあったら先生に質問するようにしたんだ。

ユキ　へえ、そうなの？

ブライアン　うん。同じようにするといいよ。

ユキ　そうする。アドバイスをくれてありがとう。すごく感謝してる。

ブライアン　いつでもどうぞ！

※2　「30人の学生の内たったの5人」という意味です。〈out of〉の前に分子となる数、後に分母となる数を言います。

3.1 感謝の表現（1）··

　感謝を述べるときは、**Thank you. / Thanks.** と言いますが、**感謝をしている事柄に言及する際は、そのあとに〈for + 名詞〉をつけます。** Thanks. の方が Thank you よりもカジュアルな表現です。

> Thank you for your kind words.
> やさしい言葉をかけてくれてありがとう。

> Thanks for your help.
> 手伝ってくれてありがとう。

　for は前置詞ですので、このあとに動詞を使う場合は、**〜ing をつけて動名詞**にします。

> Thank you for purchasing this item.
> この商品をご購入いただきありがとうございます。

> Thanks for giving me a hand.
> 手伝ってくれてありがとう。

Consecutive Drill ━◆━

　Key Sentence に語句を代入しましょう。for のあとに動詞がくる場合は、動名詞に変えて文を作りましょう。

Key Sentence:
Thank you for your help.（Thanks）
手伝ってくれてありがとう。

1）　Thanks for your help.（have me）
　　手伝ってくれてありがとう。

2）　Thanks for having me. (your support)
　　招待してくれてありがとう。

3）　Thanks for your support. (Thank you)
　　サポートしてくれてありがとう。

4）　Thank you for your support. (see me off)
　　サポートしてくれてありがとう。

5）　Thank you for seeing me off.
　　見送ってくれてありがとう。

3.2　命令文 + or ···

〈命令文 + or SV〉で「〜しないと S は V する」という意味を表す文になります。

Drink enough water during the marathon, or you'll get dehydrated.
マラソンをしている間は十分水分補給をしないと脱水症状になるよ。

Be sure to keep your room key with you at all times, or you won't be able to get back in.
つねに部屋の鍵を携帯しておかないと部屋に戻れなくなるよ。

Consecutive Drill ➡️⬇️➡️

Key Sentence に文を代入しましょう。

Key Sentence:
Leave home earlier, or you'll miss the bus. (Hurry up)
もっと早く家を出ないとバスに乗り遅れるよ。

1）　Hurry up, or you'll miss the bus. (or you won't get there in time)
　　急がないとバスに乗り遅れるよ。

2）Hurry up, or you won't get there in time. (or you'll be late for the appointment)

急がないとそこに時間までに着けないよ。

3）Hurry up, or you'll be late for the appointment. (Make sure to catch the first train)

急がないと約束に遅れるよ。

4）Make sure to catch the first train, or you'll be late for the appointment. (Take a taxi)

必ず始発電車に乗らないと約束に遅れるよ。

5）Take a taxi, or you'll be late for the appointment.

タクシーに乗らないと約束に遅れるよ。

3.3　famous / well-known / renowned

〈be famous for ～〉〈be well-known for ～〉〈be renowned for ～〉はいずれも「～で有名だ」という意味を持つフレーズです。famous がもっとも一般的な語で、renowned は「有名な上に尊敬されている」ことを含意します。for のあとには「主語を有名にしている物事を指す名詞」が置かれ、「**主語 ≠ for のあとの名詞**」の関係が成り立ちます。

The artist <u>is famous for</u> his great drum performances. (The artist ≠ his great drum performances)

そのアーティストはすばらしいドラムの演奏で有名だ。

The company <u>is well-known for</u> its favorable benefits package. (The company ≠ its favorable benefits package)

その会社は魅力的な福利厚生で有名だ。

She'<u>s renowned for</u> her dedication to animal protection. (She ≠ her dedication to animal protection)

彼女は動物保護への献身で有名だ。

〈be famous as〜〉〈be well-known as 〜〉〈be renowned as 〜〉はいずれも「〜として**有名だ**」という意味を持つフレーズです。as のあとには「主語が何か（何者か）を表す名詞」が置かれ、「**主語 = as のあとの名詞**」の関係が成り立ちます。

She's <u>famous as</u> a fashion model. (She = a fashion model)
彼女はファッション・モデルとして有名だ。

That woman <u>is well-known as</u> a campaigning environmentalist. (That woman = a campaining environmentalist)
その女性は環境保護活動家として有名だ。

Dr. Mori <u>is renowned as</u> a prominent education advisor. (Dr. Mori = a prominent education advisor)
モリ先生は卓越した教育アドバイザーとして有名だ。

Consecutive Drill ━━

Key Sentence に語句を代入しましょう。前置詞（for / as）を適切に使うように気をつけてください。

Track No.
Drill 3.3

Key Sentence:
Eve is famous for her dedication to charitable causes.
(wine connoisseur)
イヴは慈善運動への献身で有名だ。

1）Eve is famous as a wine connoisseur. (well-known)
　　イヴはワイン通として有名だ。

2）Eve is well-known as a wine connoisseur. (her contribution to science)
　　イヴはワイン通として有名だ。

3) Eve is well-known for her contribution to science. (renowned)
イヴは科学への貢献で有名だ。

4) Eve is renowned for her contribution to science. (skilled potter)
イヴは科学への貢献で有名だ。

5) Eve is renowned as a skilled potter.
イヴは熟練の陶芸家として有名だ。

3.4 比較級 + than S think / imagine / expect

「S が〇〇するより〜」という意味を持つ表現として、この 3 つのフレーズは
かたまりの状態で言えるようになりましょう（比較級については、「中級」Unit 12 参
照）。

形容詞 / 副詞の比較級 + than S think	S が思うより〜
形容詞 / 副詞の比較級 + than S imagine	S が想像するより〜
形容詞 / 副詞の比較級 + than S expect	S が予想するより〜

One-Step Drill ↻

聞こえてくる文の文末に、さらに聞こえてくる節を加え、比較級の文を作りま
しょう。

Track No.
Drill 3.4

1) Her new album is good. (than I thought)
彼女の新しい音楽アルバムはよい。
➡ Her new album is better than I thought.
彼女の新しい音楽アルバムは思ったよりよい。

2) She sang well. (than we had expected)
彼女は上手に歌った。
➡ She sang better than we had expected.
彼女は私たちが予想したより上手に歌った。

3）　The view was beautiful. (than I had imagined)
　　その眺めは美しかった。

　➡　The view was more beautiful than I had imagined.
　　　その眺めは想像したより美しかった。

4）　My students' dance performance was good. (than I expected)
　　私の生徒のダンスパフォーマンスはよかった。

　➡　My students' dance performance was better than I expected.
　　　私の生徒のダンスパフォーマンスは予想したよりよかった。

5）　My neighbor is friendly. (than I thought)
　　私のご近所さんは親しみやすい。

　➡　My neighbor is friendlier than I thought.
　　　私のご近所さんは思ったより親しみやすい。

3.5　感謝の表現（2）

〈I appreciate ＋ 名詞〉も感謝を述べる表現で、Thank you. や Thanks. よりも丁寧です。appreciate のあとには、人ではなく「こと」が来ます。

　　I appreciate your help.
　　手伝ってくれてありがとうございます。

　➡　Thank you for your help./ Thanks for your help.
　　　手伝ってくれてありがとう。

Consecutive Drill ━⬇━

Key Sentence に語句を代入しましょう。

　　Key Sentence:
　　Thank you for your support. (I appreciate)
　　サポートしてくれてありがとう。

1） I appreciate your support. (Thanks)
サポートしてくれてありがとうございます。

2） Thanks for your support. (your advice)
サポートしてくれてありがとう。

3） Thanks for your advice. (I appreciate)
アドバイスをくれてありがとう。

4） I appreciate your advice. (Thank you)
アドバイスをくれてありがとうございます。

5） Thank you for your advice.
アドバイスをくれてありがとう。

Unit 4
What kinds of movies do you watch?
（どんな種類の映画を見るの？）

ブライアンとユキがカフェテリアで話をしています。

Brian　So ... ***What made you come*** to this school?

Yuki　Well ... I've liked movies since I was a child, and want to be a screenwriter some day.

Brian　Oh, me too.

Yuki　Really?

Brian　Yeah, studying screenwriting is my main motive for coming here.

Yuki　Then one day we might work on a movie together and win an Oscar!

Brian　That'll never happen. In this country, there is too much competition. Many people have ***the same dream as*** ours.

Yuki　But ... who knows?[※1] Only people who don't give up on their goals can achieve them.

Brian　You might be right.

Yuki　***What kinds of movies*** do you watch?

Brian　You know, I love sci-fi. I watch comedies and documentaries as well. But I don't watch love stories.

Yuki　***I don't either.*** They're just too boring for me.

Brian　For me, too. Oh, it's already[※2] 6 p.m. ***I've got to*** finish off my assignment.

Yuki　OK. Take care.

Brian　Thanks. See you tomorrow.

※1　who question ですが、実際には「誰が知っているのか」が転じて「誰にもわからないでしょ」ということを意味します。同様の表現に "Who cares?"「誰が気にするの？→誰も気にしないでしょ」があります。

ブライアン　で…どうしてこの学校に来る決心をしたの？

ユキ　えっと…子どものころから映画が好きで、いつか脚本家になりたいんだ。

ブライアン　僕もだよ。

ユキ　本当に？

ブライアン　うん。脚本の書き方を学ぶ、というのがここに来た一番の動機なんだ。

ユキ　じゃいつか私たち、一緒に映画に取り組んでオスカーを取ることになるかもね。

ブライアン　それはないな。この国では、競争相手が多いからね。多くの人が僕たちと同じ夢を持ってるよ。

ユキ　でも…そんなの誰にもわからないでしょ。目標は、あきらめない人だけが達成できるんだよ。

ブライアン　そうかもね。

ユキ　どんな種類の映画を見るの？

ブライアン　SF が大好きなのは知ってるよね。コメディーとドキュメンタリーも見るよ。でも、ラブストーリーは見ないな。

ユキ　私も。ラブストーリーは私にとっては退屈すぎる。

ブライアン　僕にとってもそうだよ。あっもう 6 時だ。課題を仕上げなきゃ。

ユキ　オッケー。気をつけてね。

ブライアン　ありがとう。また明日ね。

※2　already は現在完了以外（過去形や現在形）でもよく使われます。

4.1 What made ＋人＋ 動詞の原形〜？ ··

「なぜ〜したの？」と理由をたずねるときは、ふつう Why を使います。

> Why did you buy this house?
> なぜこの家を買ったのですか？

　この文を〈**What made ＋人＋ 動詞の原形〜？**〉を使って以下のように言うと、相手を責める口調になるのを避けることができます。

> <u>What made</u> you <u>buy</u> this house?
> 何があなたにこの家を買わせたのですか？

One-Step Drill

　聞こえてくる文を、〈What ＋ made ＋人＋ 動詞の原形〜？〉を使った文に言い換えましょう。

**Track No.
Drill 4.1**

1） Why did you take up tennis? (What)
　どうしてテニスを始めたの？
　➡ What made you take up tennis?
　　何があなたにテニスを始めさせたの？

2） Why did you choose Atami for your honeymoon? (What)
　なぜ新婚旅行先に熱海を選んだの？
　➡ What made you choose Atami for your honeymoon?
　　何があなたに熱海を新婚旅行先に選ばせたの？

3） Why did you apply to this company? (What)
　なぜあなたは当社（の求人）に応募したのですか？
　➡ What made you apply to this company?
　　何があなたに当社（の求人）に応募させたのですか？

4） Why did you single her out to be the new manager? (What)
　　なぜあなたは彼女を新しい部長に抜擢したのですか？
　　➡　What made you single her out to be the new manager?
　　　　何があなたに彼女を新しい部長に抜擢させたのですか？

5） Why did you back out from the deal with that company? (What)
　　なぜあなたはあの会社との取引から手を引いたのですか？
　　➡　What made you back out from the deal with that company?
　　　　何があなたにあの会社との取引から手を引かせたのですか？

4.2　the same 名詞 as ～

〈the same 名詞 as ～〉は「～と同じ」という**意味を持つ表現**です。ここでの
as は前置詞で、次に比較対象となる語や句がきます。

　　I have <u>the same</u> opinion <u>as</u> you.
　　私はあなたと同じ意見です。

One-Step Drill ↪

聞こえてくる文に、the same とさらに聞こえてくる句を加えましょう。

（ Track No.
　Drill 4.2 ）

1） Would you like to go to the restaurant? (as yesterday)
　　そのレストランに行きませんか？
　　➡　Would you like to go to the same restaurant as yesterday?
　　　　昨日と同じレストランに行きませんか？

2） You should practice English with the book. (as me)
　　あなたはその本を使って英語を練習するべきだ。
　　➡　You should practice English with the same book as me.
　　　　あなたは私と同じ本を使って英語を練習するべきだ。

3）You'd better be careful not to make the mistake. (as your predecessor)
その間違いをしないよう気をつけたほうがいい。

➡ You'd better be careful not to make the same mistake as your predecessor.
前任者と同じ間違いをしないよう気をつけたほうがいい。

4）I'd like to get the haircut. (as this actor)
私はそのヘアカットをしてほしい。

➡ I'd like to get the same haircut as this actor.
私はこの俳優と同じヘアカットをしてほしい。

5）I recommend that you subscribe to the cellphone carrier. (as your partner)
私はあなたにその携帯キャリアと契約するよう勧める。

➡ I recommend that you subscribe to the same cellphone carrier as your partner.
私はあなたにパートナーと同じ携帯キャリアと契約するよう勧める。

4.3　What kind(s) of 〜 / What type(s) of 〜

〈What kind(s) of 〜〉「どんな種類の〜」、〈What type(s) of 〜〉「どんなタイプの〜」は、かたまりの状態で口からスラスラ出てくるようにしておきましょう。

What kind of book did you buy?
どんな種類の本を買ったのですか？

複数の答えが返ってくることを想定する場合は、複数形（kinds / types）に、1つしか返ってこないことを想定する場合は、単数形（kind / type）を使いましょう。原則として、of に続く名詞が可算名詞の場合、その単複は、kind / type の形に合わせます。

<u>What kind of</u> story attracts you the most?

どのような種類の物語にもっとも惹かれますか？

（答えとして1つの種類のみを想定している。）

<u>What types of</u> functions does this photocopier have?

このコピー機にはどのようなタイプの機能がありますか？

（答えとして複数の機能を想定している。）

of のあとに不可算名詞を使うこともできます。

<u>What kinds of</u> music do you often listen to?

どのような種類の音楽をよく聞きますか？

Two-Step Drill ⤵ ⤵

聞こえてくる文をまず〈Yes/No 疑問文〉に変え、さらに指示に従って What からはじまる疑問文を作りましょう。元の文の I は you、you は I にします。

Track No.
Drill 4.3

1）The director has made adventure and fantasy movies. (question)

その監督はアドベンチャー映画とファンタジー映画を作ってきた。

➡ Has the director made adventure and fantasy movies? (What types of movies)

その監督はアドベンチャー映画とファンタジー映画を作ってきたのですか？

➡ What types of movies has the director made?

その監督はどんなタイプの映画を作ってきたのですか？

2）I enjoy hiphop. (question)

私はヒップホップを楽しむ。

➡ Do you enjoy hiphop? (What kind of music)

あなたはヒップホップを楽しみますか？

➡ What kind of music do you enjoy?
あなたはどんな種類の音楽を楽しみますか？

3) You need a student visa to study in the U.S. (question)
アメリカに留学するには、あなたは学生ビザが必要だ。

➡ Do I need a student visa to study in the U.S.? (What type of visa)
アメリカに留学するには、私は学生ビザが必要ですか？

➡ What type of visa do I need to study in the U.S.?
アメリカに留学するには、私はどんなタイプのビザが必要ですか？

4) Macchiato is a kind of espresso. (question)
マキアートはエスプレッソの一種だ。

➡ Is macchiato a kind of espresso? (What kind of coffee)
マキアートはエスプレッソの一種ですか？

➡ What kind of coffee is macchiato?
マキアートはどんな種類のコーヒーですか？

5) This pub serves traditional British food. (question)
このパブは伝統的な英国料理を提供している。

➡ Does this pub serve traditional British food? (What kind of food)
このパブは伝統的な英国料理を提供していますか？

➡ What kind of food does this pub serve?
このパブはどんな種類の食べ物を提供していますか？

4.4　同意の表現（2）……………………………………………………

　否定文に対して「～もそうだ」と同意する表現には〈Neither [Nor] + 疑問文の語順〉（「中級」14.3 参照）がありますが、〈S + **助動詞 not / be 動詞 not + either**〉という言い方もできます。助動詞や be 動詞は、主語に応じ、形を変えて使いましょう。

I'm not from Osaka.	I'm not either.
私は大阪出身じゃないよ。	私も。
I don't care.	I don't either.
気にしないよ。	私も。

One-Step Drill

　聞こえてくる否定文に対し、さらに聞こえてくる語句を主語とする「～もだ」という応答文を作りましょう。

**Track No.
Drill 4.4**

1） I don't admire what Amanda did. (I)
アマンダがやったことは感心しないな。
➡　I don't either.
私も。

2） I'm not particular about food. (I)
私は食べ物の好みにはうるさくないよ。
➡　I'm not either.
私も。

3） The team won't take part in the championship. (Our team)
そのチームは選手権に出場しないだろう。
➡　Our team won't either.
私たちのチームも。

4) I haven't seen the movie yet. (I)

まだその映画を見てないんだ。

➡ I haven't either.

私も。

5) He won't budge an inch. (She)

彼は一歩も引かないだろう。

➡ She won't either.

彼女もね。

4.5 have [has] got to do ·····

口語ではしばしば〈have got〉が have「持っている」という意味で使われます。

I ve got an umbrella.

私は傘を持っている。

また、〈have [has] to do〉「～しなければならない」の代わりに、〈have [has] got to do〉が使われることがあります。

Sonia has to find a new job.

ソニアは新しい仕事を見つけなければならない。

➡ Sonia has got to find a new job.

主語が人称代名詞の場合、主語と have [has] got to の have [has] には短縮形を使うことが一般的です。

I have to leave home early.

私は早く家を出発しなければならない。

➡ I ve got to leave home early.

　　have [has] got to の to は非常に弱く発音し、またフラッピングも起こることから、**got to の部分はカタカナで表記すると「ガラ」のような発音**になります。

One-Step Drill

聞こえてくる文を、〈have [has] got to do〉を使った文に言い換えましょう。

Track No. Drill 4.5

1） I have to whip up a meal now. (have got to)
　　私は今手早く料理を作らなければいけない。

　　➡　I've got to whip up a meal now.

2） I have to mend my shirt myself. (have got to)
　　自分でシャツを繕わなければならない。

　　➡　I've got to mend my shirt myself.

3） He has to trim the bushes. (has got to)
　　彼はその低く繁っている木を刈って手入れしなければならない。

　　➡　He's got to trim the bushes.

4） You have to leave it up to her. (have got to)
　　それは彼女に任せるべきだ。

　　➡　You've got to leave it up to her.

5） They have to be more frank with each other. (have got to)
　　彼らはお互いにもっと率直にならなければならない。

　　➡　They've got to be more frank with each other.

Unit 5
You could visit Furano in Hokkaido
（北海道の富良野に行くといいよ）

ブライアンとユキが日本のことを話しています。

Yuki　Have you ever been to Japan?

Brian　Yeah, just once. I went to Tokyo.

Yuki　Did you go to Akihabara?

Brian　No, I didn't have time.

Yuki　*How come* you missed Akihabara? It's a must-see place for nerds like us.

Brian　Well ... that was a three-day[1] trip, and I had lots of places I wanted to visit.

Yuki　You *should* stay at a hotel in Akihabara next time you visit Japan.

Brian　Oh ... OK. Is there anything else I should see in Japan?

Yuki　You *could* visit Furano in Hokkaido. You can enjoy the breathtaking view of lavender fields there in July.

Brian　Sounds fantastic! *How long does it take to* get to Hokkaido from Tokyo?

Yuki　It takes about an hour and a half by plane.

Brian　Hmm ... not bad.

Yuki　You *might want to* rent a car. You need an international driver's license, *though*.

Brian　I see[2]. *Oops*, it's time to go to my part-time job. I do have to make a living after all.

Yuki　True. Well, take care.

※1　「3日間」は英語で "three days" ですが、このように「3日間の」と形容詞的に使うときは複数形にせず、"three-day" の形にします。

....

（❨ Track No. Dialog 5.1 ❩）Listening　　（❨ Track No. Dialog 5.3 ❩）Role Playing (Brian's Role)

（❨ Track No. Dialog 5.2 ❩）Repeating　　（❨ Track No. Dialog 5.4 ❩）Role Playing (Yuki's Role)

....

ユキ	日本に行ったことある？
ブライアン	うん。一度だけね。東京に行ったよ。
ユキ	秋葉原には行った？
ブライアン	いや、時間がなかったんだ。
ユキ	どうして秋葉原を見逃したの？　私たちみたいなオタクにとっては絶対見るべき場所だよ。
ブライアン	えっと、3日間の旅行で、行きたい場所がたくさんあったんだ。
ユキ	次に日本に行くときは秋葉原にホテルを取るべきね。
ブライアン	う…うん。他に日本で見るべきものってある？
ユキ	北海道の富良野に行くといいよ。7月にはラベンダー畑の息を飲むような景色を楽しめるよ。
ブライアン	すごくよさそうだね。東京から北海道へはどれくらいかかるの？
ユキ	飛行機で1時間半くらいだよ。
ブライアン	うーん、悪くないね。
ユキ	レンタカーを借りた方がいいかも。国際運転免許証が必要だけどね。
ブライアン	なるほど。おっと、バイトに行く時間だ。結局お金を稼がなきゃいけないしね。
ユキ	その通り。じゃ気をつけていってらっしゃい。

....

※2　「なるほど」と軽く納得したことを表す表現です。

5.1 How come 〜? ·····································

〈How come 〜?〉は「どうして〜なの?」という意味を表します。Why 〜?と同様の意味を持ちますが、驚きを伴う際によく使われる表現です。Why 〜?よりも意味が強く、やや「上から目線」になるため、目上の人には避けたほうが無難です。

How come you didn't know about it?
➡ Why didn't you know about it?
どうしてそのことを知らなかったの?

How come のあとは S V (平叙文の語順) になることに気をつけましょう。疑問文であるのに、疑問文の語順にならないのは、How does [did] it come about that 〜?が省略された表現だからです。ここでの it は仮 S、that は真 S で、come about は「起こる、生じる」の意味です。したがって、「どのようにして〜が起こる[起こった]のか」という意味になります。また、How come? は単独でも使われます。

One-Step Drill ↻

聞こえてくる文を、How come を使った文に言い換えましょう。

Track No.
Drill 5.1

1) Why didn't you tell me about that? (How come)
    どうしてそのことを私に言わなかったの?
    ➡ How come you didn't tell me about that?
2) Why do you know today's my birthday? (How come)
    どうして今日が私の誕生日だって知ってるの?
    ➡ How come you know today's my birthday?

3） Why did you cancel the plan at the very last minute? (How come)
どうして土壇場になってその計画を中止したの？

　➡　How come you canceled the plan at the very last minute?

4） Why is Sharon wearing a down jacket on such a warm day? (How come)
どうしてシャロンはこんな暖かい日にダウンジャケットを着ているの？

　➡　How come Sharon is wearing a down jacket on such a warm day?

5） Why didn't they do more to prevent such an accident? (How come)
どうして彼らはそのような事故を防ぐためにもっと手を尽くさなかったの？

　➡　How come they didn't do more to prevent such an accident?

5.2　助言や提案の表現（1）··

should、could、might want to は**助言や提案**をする際、使われます。

You should visit Sendai next time you come to Japan.（強めの提案）
次に日本に来るときには仙台を訪れるべきだ。

You could visit Sendai next time you come to Japan.（控えめな提案）
次に日本に来るときには仙台を訪れてもいいね。

You might want to visit Sendai next time you come to Japan.（控えめでより相手の意志を尊重した提案）
次に日本に来るときには仙台を訪れるというのもありかもね。

Consecutive Drill ━▼━

Key Sentence に語句を代入しましょう。

 Track No. Drill 5.2

Key Sentence:
You should get the ticket at a discount shop. (could)
そのチケットはディスカウント・ショップで買うべきだよ。

1） You could get the ticket at a discount shop. (might want to)
そのチケットはディスカウント・ショップで買ってもいいね。

2） You might want to get the ticket at a discount shop. (take the day off)
そのチケットはディスカウント・ショップで買うのもありかもね。

3） You might want to take the day off. (could)
休暇を取るのもありかもね。

4） You could take the day off. (should)
休暇を取るのもいいね。

5） You should take the day off.
休暇を取るべきだよ。

5.3 How long does it take to do? ·····························

「～するのに…の時間がかかる」と言うときは、〈It takes + 時間 + to do〉を使います。

It took an hour to walk to the station.
その駅まで歩いて行くのに 1 時間かかった。

この表現での不定詞の「意味上の S」は、第 4 文型の O₁ (IO) で明示するのがふつうです。

It took the elderly man an hour to walk to the station.
S V   O₁   O₂

その高齢の男性がその駅まで歩いていくのに 1 時間かかった。

「for＋名詞」で不定詞の直前に置くこともあります（「初級」13.6 参照）。

It took an hour <u>for the elderly man</u> to walk to the station.

「〜するのにどれだけ時間がかかりますか？」とたずねるときは、〈How long does it take to do?〉を使います。

<u>How long did it take to</u> walk to the station?
その駅まで歩いて行くにはどれだけ時間がかかりましたか？

　この場合の How long は、take の O となる名詞です。ここでも、不定詞の「意味上の S」を明示するには、上で説明した 2 通りの方法があります。

How long did it take <u>the elderly man</u> to walk to the station?（第 4 文型の O₁）
How long did it take <u>for the elderly man</u> to walk to the station?（for＋名詞）
その高齢の男性がその駅まで歩いていくのにどれだけ時間がかかりましたか？

　本書のドリルでは、「第 4 文型の O₁」で練習します。

　また、一人称（私／私たち）、二人称（あなた／あなたたち）が「意味上の S」になる場合、あるいは一般論として述べる場合（we / you / they など「漠然とした人」が「意味上の S」になる場合）は、省略されるのがふつうです。質問に対する受け答えで、わかりきっている場合も省略されます。

Two-Step Drill 🔁 🔁

　聞こえてくる文に対して、〈How long does it take to do?〉を使い、「〜するのにどれだけ時間がかかりますか？」とたずねる文を作りましょう。**1）**〜**2）**では「意味上の S」を省略し、**3）**〜**5）**では「意味上の S」を置きます。さらに、聞こえてくる語句を元に応答文を作りましょう。その際、「意味上の S」および to 以下は省略します（省略しない文を作る練習も必ず自分でしておきましょう）。時制はすべて元の文に合わせます。

🔊 Track No.
Drill 5.3

1） I downloaded the audio file. (How long)
　　私はその音声ファイルをダウンロードした。

　　➡ How long did it take to download the audio file? (about ten minutes)
　　　その音声ファイルをダウンロードするのにどれだけ時間がかかりましたか？

　　➡ It took about ten minutes.
　　　10 分くらいかかりました。

2） I commute to Tokyo from Omiya. (How long)
　　私は大宮から東京まで通勤している。

　　➡ How long does it take to commute to Tokyo from Omiya? (about 40 minutes)
　　　大宮から東京まで通勤するのにどれだけ時間がかかりますか？

　　➡ It takes about 40 minutes.
　　　40 分くらいかかります。

3） He built the plastic model. (How long)
　　彼がそのプラモデルを作った。

　　➡ How long did it take him to build the plastic model? (over six hours)
　　　彼がそのプラモデルを作るにはどれだけ時間がかかりましたか？

→ It took over six hours.
6 時間以上かかりました。

4) The artist made this large snow sculpture. (How long)
その芸術家がこの巨大な雪像を作った。

→ How long did it take the artist to make this large snow sculpture?
(three whole days)
その芸術家がこの巨大な雪像を作るのにどれだけ時間がかかりましたか？

→ It took three whole days.
丸 3 日かかりました。

5) The Earth orbits the Sun. (How long)
地球は太陽の軌道を周回する。

→ How long does it take the Earth to orbit the Sun? (approximately
365 days)
地球が太陽の軌道を周回するのにどれくらい時間がかかりますか？

→ It takes approximately 365 days.
約 365 日かかります。

5.4　文末の though

「中級」1.6 で、「譲歩」の副詞節を作る接続詞 though について学びました。

She looked pretty confident <u>though</u> she was nervous on the inside.
<u>Though</u> she was nervous on the inside, she looked pretty confident.
彼女は内心では緊張していたにもかかわらず、とても自信があるように見えた。

though には、接続詞以外に「〜だけどね」と、**前の発言に情報を加える副詞の用法**もあります。この用法では、though を**文末**に置きます。

He thinks it's a nice plan. I don't think so, <u>though</u>.

彼はそれがよいプランだと考えている。私はそう思わないけどね。

It started raining when I left home. It wasn't so heavy, <u>though</u>.

家を出たとき雨が降り出した。そんなにひどくなかったけどね。

Consecutive Drill

Key Sentences に文を代入しましょう。

**Track No.
Drill 5.4**

Key Sentence:

I got blamed by my boss again. I'm kind of used to it, though. (It wasn't my fault, though.)

また上司に責められた。わりと慣れているけどね。

1) I got blamed by my boss again. It wasn't my fault, though. (I have to apologize to my client.)

また上司に怒られたよ。私は悪くなかったんだけどね。

2) I have to apologize to my client. It wasn't my fault, though. (I still don't know what to say, though.)

お客さんに謝らないといけないんだ。私は悪くなかったんだけどね。

3) I have to apologize to my client. I still don't know what to say, though. (I'm going to propose to Kay tonight.)

お客さんに謝らないといけないんだ。まだ何と言えばいいかわからないんだけどね。

4) I'm going to propose to Kay tonight. I still don't know what to say, though. (I'm not sure if she'll say yes, though.)

今晩ケイにプロポーズするつもりなんだ。まだ何と言えばいいかわからないんだけどね。

5) I'm going to propose to Kay tonight. I'm not sure if she'll say yes, though.

今晩ケイにプロポーズするつもりなんだ。彼女はOKしてくれるかわからないけどね。

5.5 Oops ··

Oops は、失敗したときなどに「おっと」と軽いろうばいを表す表現です。

Isn't that your bag?
それ、あなたのかばんじゃない？

<u>Oops</u>. Thanks. I almost forgot it.
おっと、ありがとう。忘れるところだった。

　このような「とっさの一言」を使う機会は突然おとずれます。英語を話しているときに、思わず日本語で「おっと」と言ってしまわないよう、練習しておきましょう。

One-Step Drill 🎣

　聞こえてくる問いかけに対して、続いて聞こえてくる文で応答しましょう。その際、文頭に Oops をつけ、軽いろうばいを表しましょう。

**(Track No.
Drill 5.5)**

1）Isn't that umbrella mine? (I'm sorry.)
　　そのかさ、私のじゃない？
　　➡ Oops, I'm sorry.
　　　おっと、ごめんなさい。

2）Dad's birthday is today, isn't it? (that's right.)
　　お父さんの誕生日、今日だよね？
　　➡ Oops, that's right.
　　　おっと、そうだ。

3）　Have you brought the tickets for the concert? (we have to return to get them.)

コンサートのチケット持ってきた？

➡　Oops, we have to return to get them.

おっと、取りに帰らないと。

4）　You're wearing your T-shirt the wrong way round. (I didn't notice.)

T シャツの後ろと前が逆だよ。

➡　Oops, I didn't notice.

おっと、気がつかなかった。

※「裏表」であれば inside out と表現します。You're wearing your T-shirt inside out. (T シャツが裏表になっているよ。)

5）　Someone's phone is ringing. (that's mine.)

誰かの携帯が鳴ってるよ。

➡　Oops, that's mine.

おっと、私のだ。

Unit 6
I applied for the internship program for this spring
(この春のインターンシップ・プログラムに応募したんだ)

ブライアンが、休暇を利用してインターンシップ・プログラムに
参加することになりました。

Brian   I *applied for* the internship program for this spring and got accepted.

Yuki   That's great! In the movie industry?

Brian   Well, kind of. It's a company offering streaming services. I'm so excited!

Yuki   What *are* you *supposed to* do there?

Brian   I'*ll be doing* a variety of things, including preparation, production, and post-production※1.

Yuki   I guess the experience there will help you get a job in the entertainment industry.

Brian   I hope so.

Yuki   I'm a slow starter, but you're always on the go!

Brian   I know I should look before I leap but I always leap before I look※2.

Yuki   You know, it's important to seize the opportunity when you can.

Brian   Yeah. It's your turn, Yuki. Why don't you also do *something new* this spring.

Yuki   Mmm ... I want to binge-watch dramas during spring vacation.

Brian   Come on! Don't change the subject.

Yuki   OK, OK. Let's talk about it ... tomorrow!

※ 1   撮影後の編集作業のことを指します。
※ 2   Look before you leap.「跳ぶ前に見よ(石橋を叩いて渡れ)」ということわざにちなんだセリフです。

(Track No. Dialog 6.1) Listening

(Track No. Dialog 6.3) Role Playing (Yuki's Role)

(Track No. Dialog 6.2) Repeating

(Track No. Dialog 6.4) Role Playing (Brian's Role)

ブライアン　この春のインターンシップ・プログラムに応募して受かったんだ。

ユキ　すごい！　映画業界で？

ブライアン　まあ、そんなとこだね。ストリーミング・サービスを提供してる会社なんだ。ワクワクしてるよ。

ユキ　そこで何をすることになっているの？

ブライアン　いろいろなことをすることになるだろうね。撮影準備、制作、撮影後の編集作業とかね。

ユキ　そこでの経験はエンターテインメント業界で就職するときに役立つだろうね。

ブライアン　そうだといいな。

ユキ　私はスロースターターだけど、ブライアンはいつも忙しく動き回ってるね！

ブライアン　跳ぶ前に見る（用心深くなる）べきなのはわかってるんだけど、いつも見る前に跳んじゃうんだ（考える前に行動してしまう）。

ユキ　ほら、チャンスは手に入れられるときに手に入れるのが重要だからね。

ブライアン　そうだね。次はユキの番だよ。この春にユキも何か新しいことをしたらどう？

ユキ　うーん、春休みの間はドラマを一気に見たいんだよね…。

ブライアン　おいおい！　話題を変えるんじゃないよ。

ユキ　オッケー、オッケー。この話はしようね…明日にでも！

6.1 apply for 〜 / apply to 〜 ···

apply は「応募する」という意味の自動詞です。あとに役職などの応募する対象を言う場合には for を、応募する先の会社や機関、団体を言う場合には to を続けます。

> Alma <u>applied for</u> the position of pharmacist. (the position of pharmacist = 応募する対象の職)
> アルマは薬剤師の職に応募した。
>
> He's going to <u>apply to</u> the hi-tech company. (the hi-tech company = 応募する先の会社)
> 彼はそのハイテク企業に応募するつもりだ。

どちらも「〜に応募する」という和訳になりますが、しっかり練習して使い分けられるようになりましょう。

Consecutive Drill ━⬇━

Key Sentence に語句を代入しましょう。必要に応じて to と for を適切に使い分けましょう。

Track No.
Drill 6.1

Key Sentence:
I'm going to apply for the vacant position. (MIT)
私はその空いている役職に応募するつもりだ。

1) I'm going to apply to MIT. (Trevor)
   私はマサチューセッツ工科大学に応募（出願）するつもりだ。

2) Trevor is going to apply to MIT. (the low-interest student loan)
   トレバーはマサチューセッツ工科大学に応募（出願）するつもりだ。

3) Trevor is going to apply for the low-interest student loan. (the faculty of medicine)
   トレバーは低利の学生ローンに応募するつもりだ。

4）Trevor is going to apply to the faculty of medicine. (applied)
トレバーは医学部に応募（出願）するつもりだ。

5）Trevor applied to the faculty of medicine.
トレバーは医学部に応募（出願）した。

6.2　be supposed to do（1）··

〈be supposed to do〉で**予定・予期**を表し、「**〜することになっている**」という意味を持ちます。

> This train <u>is supposed to</u> leave the station on time.
> この電車は時間通りに駅を出発することになっている。

One-Step Drill ↻

聞こえてくる文を〈be supposed to do〉を使った文に言い換えましょう。

📢 Track No.
Drill 6.2

1）It'll rain tomorrow. (suppose)
明日雨が降るだろう。
➡ It's supposed to rain tomorrow.
明日雨が降ることになっている。

2）I'll facilitate the meeting. (suppose)
私が会議を円滑に進める（会議のファシリテーターをする）だろう。
➡ I'm supposed to facilitate the meeting.
私が会議を円滑に進める（会議のファシリテーターをする）ことになっている。

3）The shipment will be here tomorrow. (suppose)
配送品は明日ここに到着するだろう。
➡ The shipment is supposed to be here tomorrow.
配送品は明日ここに到着することになっている。

4） The concert will be broadcast live on TV. (suppose)
そのコンサートはテレビで生放送されるだろう。

➡ The concert is supposed to be broadcast live on TV.
そのコンサートはテレビで生放送されることになっている。

5） Sandy will represent our company and give a speech to the delegates.
(suppose)
サンディは私たちの会社を代表して（各社の）代表者たちにスピーチをす
るだろう。

➡ Sandy is supposed to represent our company and give a speech to
the delegates.
サンディは私たちの会社を代表して（各社の）代表者たちにスピーチ
をすることになっている。

6.3 be supposed to do (2) ···

〈was / were supposed to do〉「〜することになっていた」は、「でもしなかっ
た」という意味を暗に含みます。

She was supposed to get a pay raise, but it didn't happen.
彼女の給料は上がる予定だったが、上がらなかった。

〈was / were going to do〉も同様の意味を持ちます。

She was going to get a pay raise, but it didn't happen.

One-Step Drill ↷

聞こえてくる〈was / were going to do〉の文を〈be supposed to do〉を使った文に言い換えましょう。

((◖ Track No. ◗))
(◖ Drill 6.3 ◗)

1）The plane was goig to take off on time, but it didn't due to strong winds. (suppose)
その飛行機は定刻に離陸することになっていたが、強風のため離陸しなかった。
→ The plane was supposed to take off on time, but it didn't due to strong winds.

2）He was going to study abroad, but the pandemic started. (suppose)
彼は留学することになっていたが、パンデミックが始まってしまった。
→ He was supposed to study abroad, but the pandemic started.

3）The office building was going to be rebuilt, but the budget wasn't enough. (suppose)
会社のビルは改築されることになっていたが、予算が十分ではなかった。
→ The office building was supposed to be rebuilt, but the budget wasn't enough.

4）We were going to meet with the sales representative, but this has been postponed until tomorrow morning. (suppose)
営業担当者に会うことになっていたが、明日の朝まで延期になった。
→ We were supposed to meet with the sales representative, but this has been postponed until tomorrow morning.

5）The tenant was going to move in soon, but the landlord had reservations. (suppose)
入居者はすぐに入ることになっていたが、大家が難色を示した。
→ The tenant was supposed to move in soon, but the landlord had reservations.

6.4 will be ～ing ···

〈will be ～ing〉（未来進行形）は、**未来のある時点**で**進行中の動作**を表すときに使われます。

> He'll be flying to New York this time tomorrow.
> 明日の今ごろ彼はニューヨークに向かう飛行機の中にいるだろう。

未来に起こる予定や出来事などについて「**（このままのなりゆきでいくと）～することになるだろう**」という意味を表すこともあります。

> I'll be teaching reading and listening classes this year.〈未来に起こる予定や出来事〉
> 私は今年リーディングとリスニングのクラスを教えることになるだろう。

〈will + 動詞の原形〉の文と比較してみましょう。

> I'll teach reading and listening classes this year.
> 私は今年リーディングとリスニングのクラスを教えるだろう。〈未来〉
> 私は今年リーディングとリスニングのクラスを教えるつもりだ。〈意志〉

〈will + 動詞の原形〉が「意志」の意味になり得るのに対し、〈will be ～ing〉は「意志」のニュアンスを含みません。

ここでは「未来に起こる予定や出来事」を述べる際の〈will be ～ing〉を練習しましょう。

One-Step Drill ⤵

聞こえてくる文を〈will be 〜ing〉を使った文に言い換えましょう。

**Track No.
Drill 6.4**

1） She'll get transferred to the Munich branch. (change)
　　彼女はミュンヘン支社へ転勤するだろう。
　　➡　She'll be getting transferred to the Munich branch.
　　　　彼女はミュンヘン支社へ転勤することになるだろう。

2） New employees will take five training sessions. (change)
　　新入社員は5つの講習会を受講するだろう。
　　➡　New employees will be taking five training sessions.
　　　　新入社員は5つの講習会を受講することになるだろう。

3） Volunteer staff will support you in your studies. (change)
　　ボランティアのスタッフがあなたの勉強を手伝うだろう。
　　➡　Volunteer staff will be supporting you in your studies.
　　　　ボランティアのスタッフがあなたの勉強を手伝うことになるだろう。

4） We'll donate medical supplies to charities around the city. (change)
　　私たちは市内の慈善団体に医療用品を寄付するだろう。
　　➡　We'll be donating medical supplies to charities around the city.
　　　　私たちは市内の慈善団体に医療用品を寄付することになるだろう。

5） I'll have an interview with a recruiter. (change)
　　私はリクルーターと面談する。
　　➡　I'll be having an interview with a recruiter.
　　　　私はリクルーターと面接することになるだろう。

6.5 something / anything / nothing + 形容詞 ···············

形容詞は一語だけで名詞を修飾するとき、名詞の前に置きます（「初級」0.1 参照）。

That's an <u>interesting</u> <u>plan</u>.
　　　　　　形容詞　　名詞

それは面白いプランだね。

形容詞が、代名詞である something / anything / nothing を修飾するときは、ふつう一語であっても名詞のあとに置きます（後置修飾）。

I want to drink <u>something</u> <u>cold</u>.
　　　　　　　　代名詞　　形容詞

何か冷たいものが飲みたい。

everything も同じ形を取りますが、使用頻度がさほど高くないため、本書のドリルでは扱いません。

One-Step Drill ↻

聞こえてくる文を〈something / anything / nothing + 形容詞〉を使った文に言い換えましょう。その際、続いて聞こえてくる形容詞を使いましょう。

Track No.
Drill 6.5

1) I want to start learning something this spring. (practical)
　　この春何かを習い始めたい。
　　➡ I want to start learning something practical this spring.
　　　　この春何か実用的なことを習い始めたい。

2）　There was nothing in the room. (interesting)
　　その部屋には何もなかった。

　　➡　There was nothing interesting in the room.
　　　　その部屋には何も面白いものがなかった。

3）　I have something to talk about. (important)
　　あなたに話（何か話すこと）がある。

　　➡　I have something important to talk about.
　　　　あなたに大事な話（何か話す大事なこと）がある。

4）　You don't need to bring anything to the party. (special)
　　パーティーには何も持ってこなくていいよ。

　　➡　You don't need to bring anything special to the party.
　　　　パーティーには何も特別なものを持ってこなくていいよ。

5）　We can see something in the river. (glittering)
　　川の中に何かが見える。

　　➡　We can see something glittering in the river.
　　　　川の中に何か光っているものが見える。

Unit 7
Are you familiar with audio equipment?
（オーディオ機器のこと詳しいの？）

ユキが重そうな機材を1人で運んでいます。
それを見かねたブライアンが声をかけます。

Yuki   Whew※1! This is so heavy!

Brian   Do you need help?

Yuki   Yes, please.

Brian   All right. *What* are you going to use the speaker *for*?

Yuki   We'll use it for the jazz concert tomorrow night.

Brian   *Are* you *familiar with* audio equipment?

Yuki   No. I'm just carrying it. I don't *even* know how to connect cables.

Brian   Oh, *don't you?*

Yuki   No, but I want to learn about audio devices. It *should* be interesting.

Brian   Maybe I can show you sometime.

Yuki   Oh yeah? Thanks! You're always my lifesaver.

Brian   I once worked for a jazz bar and so I learned how to set up the equipment.

Yuki   I see. Now help me move this speaker. On the count of three※2 ... One, two, three!

※1 　驚いたときや疲れたときなどに使う感嘆詞です。
※2 　「3つ数えたら」という表現。誰かと一緒に物を持ち上げるときなどによく使われます。

・・・

((Track No.)) Dialog 7.1　**Listening**　　**((Track No.))** Dialog 7.3　**Role Playing** (Brian's Role)

((Track No.)) Dialog 7.2　**Repeating**　　**((Track No.))** Dialog 7.4　**Role Playing** (Yuki's Role)

・・・

ユキ	ヒュー。これ、すっごく重い！
ブライアン	手伝おうか？
ユキ	うん、お願い。
ブライアン	了解。このスピーカー何に使うの？
ユキ	明日の夜のジャズコンサートに使うんだ。
ブライアン	オーディオ機器のこと詳しいの？
ユキ	いや、ただ運んでるだけ。ケーブルのつなぎ方すらわからないよ。
ブライアン	へえ、そうなの？
ユキ	うん、でもオーディオ機器について習いたいんだ。面白いはずだから。
ブライアン	たぶんいつか教えてあげられると思うよ。
ユキ	ほんとに？　ありがとう！　いつも私のこと助けてくれるね。
ブライアン	以前ジャズバーで働いていて、オーディオ機器のセッティングの仕方を学んだんだ。
ユキ	なるほど。さあ、このスピーカー動かすの手伝って。3つ数えたら持ち上げるよ。1、2、3！

・・・

7.1　What 〜 for?···

〈What 〜 for?〉は「何のために〜」という意味を持つ疑問文です。〈Why 〜?〉と同様の意味ですが、**より「目的」や「用途」に重点**が置かれます。

<u>What</u> are you going to buy it <u>for</u>?
何のためにそれを買うつもりなのですか？

➡　<u>Why</u> are you going to buy it?
なぜそれを買うつもりなのですか？

<u>What</u> did you do that <u>for</u>?
何のためにそれをしたのですか？

➡　<u>Why</u> did you do that?
なぜそれをしたのですか？

〈What for?〉だけで「目的」や「用途」をたずねることもできます。

I have to apologize to her.
彼女に謝らないと。

<u>What for</u>? You didn't do anything wrong.
何のために？　あなたは何も悪くないよ。

One-Step Drill ↻

聞こえてくる〈Yes / No 疑問文〉を〈What 〜 for?〉を使って「目的」をたずねる疑問文にしましょう。

Track No.
Drill 7.1

1）Should I press this button? (What)
　　このボタンを押さないといけないのですか？
　　➡　What should I press this button for?
　　　　何のためにこのボタンを押さないといけないのですか？

2）Do you have to study statistics? (What)
　　統計を勉強しなければならないのですか？
　　➡　What do you have to study statistics for?
　　　　何のために統計を勉強しなければならないのですか？

3）Are you hurrying? (What)
　　急いでるのですか？
　　➡　What are you hurrying for?
　　　　何のために急いでるのですか？

4）Do I have to keep this receipt? (What)
　　この領収書を保管しておかないといけないのですか？
　　➡　What do I have to keep this receipt for?
　　　　何のためにこの領収書を保管しておかないといけないのですか？

5）Did the police officer come here? (What)
　　警察官がここに来たのですか？
　　➡　What did the police officer come here for?
　　　　何のために警察官がここに来たのですか？

7.2　be familiar with 〜 / be familiar to 〜 ⋯⋯⋯⋯⋯⋯⋯

〈be familiar with 〜〉は「〜をよく知っている」という意味で、**前置詞 with の**あとには「知っている対象」を表す名詞がきます。

> Scientists know a lot about this phenomenon.
> 科学者はこの現象をよく知っている。

➡　Scientists <u>are familiar with</u> this phenomenon.

　一方、〈be familiar to 〜〉は「〜に（よく）知られている」という意味で、**前置詞 to のあとには「知っている主体（人）」**がきます。この表現は、「よく」という意味を含意せず、単に「〜に知られている」という意味合いでも使われます。

> Scientists know this phenomenon.
> 科学者はこの現象を知っている。

➡　This phenomenon <u>is familiar to</u> scientists.
　この現象は科学者に知られている。

One-Step Drill ↪

　聞こえてくる文を、指示にしたがって〈be familiar with 〜〉または〈be familiar to 〜〉を使った文に言い換えましょう。

🔊 Track No.
Drill 7.2

1）　Daryl knows a lot about camping gear. (familiar with)
　　ダリルはキャンプ用品についてよく知っている。
　➡　Daryl is familiar with camping gear.

2）Many people know the theory of evolution. (familiar to)
多くの人が進化論を知っている。

➡ The theory of evolution is familiar to many people.
進化論は多くの人に知られている。

3）Nicola knows a lot about computer programming. (familiar with)
ニコラはコンピュータプログラミングについてよく知っている。

➡ Nicola is familiar with computer programming.

4）I know that name. (familiar to)
私はその名前を知っている。

➡ That name is familiar to me.
その名前には馴染みがある。

5）We need a tax accountant who knows a lot about real estate business.
(familiar with)
私たちは不動産業についてよく知っている税理士が必要だ。

➡ We need a tax accountant who is familiar with real estate
business.

7.3　even

even は**直後の語を強調**する働きがあります。

He loves his car very much. He's <u>even</u> given it a name.
彼は自分の車が大好きだ。名前をつけてさえいる。

given の前に even をつけることで、「（名前を）与える」という行為が極端な行為であることを表しています。even のような副詞をうまく使いこなせると、微妙なニュアンスを伝えられるようになります。

ここでは、even を使って動詞を強調する文を練習しましょう。

One-Step Drill ↻

聞こえてくる 2 文の 2 つ目の文を、動詞の前に even がついた文に言い換え
ましょう。

Track No.
Drill 7.3

1）Jasper hasn't been absent from school. He hasn't been late once.
(even)
ジャスパーは学校を欠席したことがない。一度も遅れたことがない。

➡ Jasper hasn't been absent from school. He hasn't even been late
once.
ジャスパーは学校を欠席したことがない。一度も遅れたことさえな
い。

2）I don't know her. I don't know her name. (even)
彼女は知り合いではない。彼女の名前を知らない。

➡ I don't know her. I don't even know her name.
彼女は知り合いではない。彼女の名前を知りさえしない。

3）He pampers his daughter. He buys her new clothes every week.
(even)
彼は娘を甘やかしている。毎週新しい洋服を買い与えている。

➡ He pampers his daughter. He even buys her new clothes every
week.
彼は娘を甘やかしている。毎週新しい洋服を買い与えてさえいる。

4）She didn't want to talk with me. She didn't glance at me. (even)
彼女は私と話したくなかった。私の方をちらりとも見なかった。

➡ She didn't want to talk with me. She didn't even glance at me.
彼女は私と話したくなかった。私の方をちらりと見さえしなかった。

5）　The new coach turned the team around. He led it to its first title.
(even)

新しいコーチがチームを立て直した。彼はそれを初優勝に導いた。

➡　The new coach turned the team around. He even led it to its first
title.

新しいコーチがチームを立て直した。彼はそれを初優勝に導きさえ
した。

7.4　あいづち(2) ……………………………………………………………

〈Yes/No 疑問文〉の文頭部分を用いてあいづちを返す表現(1.1 参照)は、否
定文に対しても使われます。この場合も肯定文と同様に、**否定疑問文の文頭部
分(主語まで)**を使い、元の文の主語が人称代名詞以外の場合は、人称代名詞に
変えます。

I don't exercise regularly.　　　　　Don't you?
定期的な運動は何もしていないんだ。　へえ、そうなの？

One-Step Drill ↷

聞こえてくる文に対するあいづちとなる応答文を作りましょう。

Track No.
Drill 7.4

1）　Rita isn't in today. (response)
リタは今日職場にいない。

➡　Isn't she?
へえ、そうなの？

2）　I usually don't work overtime. (response)
私は通常残業はしない。

➡　Don't you?
へえ、そうなの？

3） That consulting firm isn't useful. (response)
そのコンサルティング会社は役に立たない。
➡ Isn't it?
へえ、そうなの？

4） They didn't get on well with each other. (response)
彼らはウマが合わなかった。
➡ Didn't they?
へえ、そうなの？

5） This venue doesn't have a dining area. (response)
この会場に食事できるエリアはございません。
➡ Doesn't it?
へえ、そうなの？

7.5 推量の should ···

助動詞の should には、「〜はずだ」という**推量**の意味を持つ用法があります。

He <u>should</u> be with his client now.
彼は今、顧客と一緒にいるはずだ。

should は、「〜に違いない」という意味を表す must よりは弱い推量の意味を持ちます。

The train ticket <u>must</u> be in your pocket.
電車のチケットはあなたのポケットの中にあるに違いない。

The train ticket <u>should</u> be in your pocket.
電車のチケットはあなたのポケットの中にあるはずだ。（上の must の文より弱い推量）

One-Step Drill ↻

聞こえてくる文に should を加え、「～はずだ」という意味を持つ文に言い換えましょう。

((Track No.
Drill 7.5))

1） Three minutes will be enough to answer the survey. (should)
そのアンケートに答えるには3分で十分だろう。

➡　Three minutes should be enough to answer the survey.
そのアンケートに答えるには3分で十分なはずだ。

2） The building you're looking for is behind the bank. (should)
あなたが探している建物は銀行の裏だ。

➡　The building you're looking for should be behind the bank.
あなたが探している建物は銀行の裏のはずだ。

3） This train will arrive at the next stop within a few minutes. (should)
この電車は数分後に次の停車駅に着くだろう。

➡　This train should arrive at the next stop within a few minutes.
この電車は数分後に次の停車駅に着くはずだ。

4） She's eligible to receive a special bonus. (should)
彼女は特別賞与を受け取る資格がある。

➡　She should be eligible to receive a special bonus.
彼女は特別賞与を受け取る資格があるはずだ。

5） It won't take long. (shouldn't)
そんなに長くはかからないだろう。

➡　It shouldn't take long.
そんなに長くはかからないはずだ。

Unit 8
What if you happen to see Steven Lucas?
（スティーブン・ルーカスを偶然見かけたらどうする？）

ユキとブライアンが大学の食堂で雑談をしています。

Brian I'm going to *go see* Steven Lucas's new movie with John tonight. Want to join us?

Yuki Why not?^{※1}

Brian Cool. I hear it's his best movie yet.

Yuki You really like him, don't you?

Brian I really do. He's my life.

Yuki *What if* you happen to see Steven Lucas in town?

Brian I'd go crazy!

Yuki Actually, I saw him in Tokyo when I was little.

Brian Oh, really? Did you know who he was?

Yuki No, I didn't. I was with my dad at that time, and he was so excited.

Brian If I had a chance to see Steven Lucas, I'd ask endless questions.

Yuki *I bet* you would. Hey, we still have some time until the movie starts. Do you know *somewhere good* to hang out?

Brian *Why don't we* walk to the theater?

Yuki Walk to the theater? That's the last thing I want to do.^{※2}

Brian OK. Then what about going to Pizza Milanese. The pizza there is good and crisp. And after that we can take a bus to the theater.

Yuki Sounds great. Yes, let's do that!

※1　提案に同意する際に使われる表現です。
※2　「私がしたい最後のこと」、つまり「絶対したくないこと」を意味します。

((Track No. Dialog 8.1 **))** Listening

((Track No. Dialog 8.3 **))** Role Playing (Yuki's Role)

((Track No. Dialog 8.2 **))** Repeating

((Track No. Dialog 8.4 **))** Role Playing (Brian's Role)

ブライアン	今夜ジョンとスティーブン・ルーカスの新しい映画を見に行くんだけど、来ない？
ユキ	行く！
ブライアン	いいね。今までの彼の映画で一番いいらしいよ。
ユキ	彼のこと本当に好きだよね。
ブライアン	すごく好き。僕の人生そのものなんだ。
ユキ	町で偶然スティーブン・ルーカスを見かけたらどうする？
ブライアン	そんなの気がおかしくなってしまうよ！
ユキ	実は、小さい頃、東京で彼を偶然見たんだ。
ブライアン	ええ、本当？　彼が誰だか知ってたの？
ユキ	いや、知らなかった。その時父親と一緒にいて、彼はとても喜んでたよ。
ブライアン	もしスティーブン・ルーカスに会う機会があったら、質問攻めにするだろうなあ。
ユキ	だろうね。ねえ、映画が始まるまでまだ時間があるよね。時間をつぶすのにどこかいい場所知らない？
ブライアン	映画館まで歩くっていうのはどう？
ユキ	映画館まで歩く？　そんなの絶対いやだ。
ブライアン	オッケー。じゃピザ・ミラネーゼに行くのはどう？　あそこのピザはおいしくてパリパリなんだ。そのあと映画館までバスで行こう。
ユキ	いいね。うん。そうしよう！

8.1　go ～ing / go ＋ 動詞の原形 ···

「～しに行く」は、スキーやジョギング、ハイキングなどのアクティビティを表す**動詞**には〈go ～ing〉の形を、**それ以外の動詞を使う場合**は〈go and V〉の形を使います。

> Matthew <u>went skiing</u> in Niseko this winter.
> マシューはこの冬、ニセコにスキーをしに行った。
>
> I'll <u>go and buy</u> sandwiches for lunch.
> お昼のサンドイッチを買いに行く。

〈go ～ing〉の形を取る動詞

go fishing	釣りに行く	go hiking	ハイキングに行く
go jogging	ジョギングをしに行く	go running	走りに行く
go shopping	買い物に行く	go skiing	スキーをしに行く
go snowboarding	スノーボードをしに行く	go swimming	泳ぎに行く

〈go and V〉は、口語では and が省略され〈go ＋ **動詞の原形**〉が使われるのが一般的です。

> I'll <u>go buy</u> sandwiches for lunch.

本書のドリルでは and を省略した形を練習します。

One-Step Drill 🔁

聞こえてくる文に go を加え、「〜しに行く」という意味の文に言い換えましょう。

Track No.
Drill 8.1

1）I'll check it out. (go)
それを確かめるよ。
　➡　I'll go check it out.
　　　それを確かめに行ってくるよ。

2）Grace is going to jog tomorrow morning. (go)
グレースは明日の朝ジョギングをするつもりだ。
　➡　Grace is going to go jogging tomorrow morning.
　　　グレースは明日の朝ジョギングをしに行くつもりだ。

3）Do you want to grab some coffee? (go)
コーヒーでも飲まない？
　➡　Do you want to go grab some coffee?
　　　コーヒーでも飲みに行かない？

4）Who wants to snowboard with me this winter? (go)
この冬私とスノーボードしたい人は誰ですか（誰かいますか）？
　➡　Who wants to go snowboarding with me this winter?
　　　この冬私とスノーボードに行きたい人は誰ですか（誰かいますか）？

5）I'll see the match at Tokyo Dome tonight. (go)
私は今夜東京ドームでその試合を見る。
　➡　I'll go see the match at Tokyo Dome tonight.
　　　私は今夜東京ドームにその試合を見に行く。

8.2 　what if SV? ···

〈What if SV?〉で「S が V したらどうする（どうなる）?」という意味を表します。〈What will / would S do if SV?〉または〈What will / would happen if SV?〉が省略された形です。

　十分に起こる可能性があると話者が思っている場合は、if 節には動詞の現在形が使われます。「時や条件を表す副詞節の中では、単純未来の will は使わず現在時制にする」というルールに従っています（「中級」1.2 参照）。

> What if we miss the last train?
> 最終電車に乗り遅れたらどうする？
➡ 　 What (will we do) if we miss the last train?

> What if we can't get to the venue on time?
> 時間通りに会場に着けないとどうなる？
➡ 　 What (will happen) if we can't get to the venue on time?

　起こる可能性が非常に低いと話者が思っている場合は〈What if SV?〉の V を過去形にします。

> What if we missed the last train?
> What if we couldn't get to the venue on time?

また、〈What if SV?〉が提案を意味することがあります。

> What if you try this medicine?
> この薬を試してみたら？

過去形にすれば、より婉曲的（控えめ）で丁寧になります。

　　<u>What if</u> you tried this medicine?
　　この薬を試してみたらどうでしょう？

ここのドリルでは、〈What if SV?〉の V で現在形を使う形を練習しましょう。

One-Step Drill 🎣

聞こえてくる文を〈What if SV?〉を使った文に言い換えましょう。

🔊 Track No.
Drill 8.2

1）　What will happen if we cancel the room on the day? (What if)
　　部屋を当日キャンセルしたらどうなる？
　　➡　What if we cancel the room on the day?

2）　What will you do if the rumor is true? (What if)
　　そのうわさが本当だったらどうする？
　　➡　What if the rumor is true?

3）　What will happen if I don't sign this contract? (What if)
　　私がこの契約書にサインしないとどうなる？
　　➡　What if I don't sign this contract?

4）　What will you do if your neighbors are noisy? (What if)
　　近隣住民が騒がしかったらどうする？
　　➡　What if your neighbors are noisy?

5）　What will you do if the shop is closed? (What if)
　　その店が閉まってたらどうする？
　　➡　What if the shop is closed?

8.3　I bet ···

bet は元々「賭ける」という意味ですが、それが転じて「(賭けてもいいくらい)確信している」という意味でも使われます。この意味で使われる〈I bet SV〉は〈I'm sure SV〉とほぼ同じ意味ですが、〈I bet SV〉の方がくだけた表現です。

> I bet you'll like your new teacher.
> 新しい先生のことをきっと気に入るだろう。
> ➡ I'm sure you'll like your new teacher.

One-Step Drill 🔁

聞こえてくる文を〈I bet SV〉を使った文に言い換えましょう。

Track No.
Drill 8.3

1）　I'm sure he'll be late again. (I bet)
　　彼はきっとまた遅刻するだろう。
　　➡　I bet he'll be late again.

2）　I'm sure Mia will like it. (I bet)
　　ミアはきっとそれを気に入るだろう。
　　➡　I bet Mia will like it.

3）　I'm sure he'll be over the moon to hear the news. (I bet)
　　彼はその知らせを聞いたらきっととても喜ぶだろう。
　　➡　I bet he'll be over the moon to hear the news.

4）　I'm sure Aaron will be satisfied with the outcome of the meeting. (I bet)
　　アーロンはきっと会議の結果に満足するだろう。
　　➡　I bet Aaron will be satisfied with the outcome of the meeting.

5）　I'm sure she'll love the wall color. (I bet)
　　彼女はきっとその壁の色を気に入るだろう。
　　➡　I bet she'll love the wall color.

8.4　somewhere / anywhere / nowhere ＋ 形容詞 ‥‥‥‥

somewhere、anywhere、nowhere は、**副詞として使われる場合と代名詞とし
て使われる場合**があります。

	副詞	代名詞
somewhere	どこかで／どこかに／どこかへ	どこか (ある場所)
anywhere	どこかで／どこかに／どこかへ	どこか (ある場所)
nowhere	どこでも／どこにも／どこへも〜ない	どの場所も〜ない

Let's pull over <u>somewhere</u> and take a little rest. (somewhere ＝副詞)
どこかで車を路肩に停めて少し休憩しよう。

There's <u>nowhere</u> to sit down. (nowhere ＝代名詞)
座る場所がどこにもない。

代名詞 somewhere、anywhere、nowhere を形容詞が修飾するときは、
something、anything、nothing と同様、後置修飾します。

Do you know <u>anywhere</u> <u>nice</u> for a barbecue party?
　　　　　　　代名詞　　形容詞

バーベキュー・パーティーをするのにどこかいい場所を知ってますか？

everywhere も同じ形を取りますが、使用頻度がさほど高くないため、本書の
ドリルでは扱いません。

One-Step Drill ⤵

聞こえてくる文に形容詞を加え、〈somewhere / anywhere / nowhere+ 形容詞〉を使った文に言い換えましょう。

Track No.
Drill 8.4

1) We have to look for somewhere to stay. (warm)
　　私たちはどこか泊まる場所を探さなければならない。
- ➡ We have to look for somewhere warm to stay.
　　私たちはどこか泊まる暖かい場所を探さなければならない。

2) Don't you know anywhere to have a picnic? (nice)
　　どこかピクニックをする場所を知りませんか？
- ➡ Don't you know anywhere nice to have a picnic?
　　どこかピクニックをするのにいい場所を知りませんか？

3) Kids have nowhere to play around here. (safe)
　　子どもたちはこのあたりで遊ぶ場所がどこにもない。
- ➡ Kids have nowhere safe to play around here.
　　子どもたちはこのあたりで遊ぶ安全な場所がどこにもない。

4) I can't think of anywhere that would please her. (romantic)
　　彼女が喜びそうな場所をどこも思いつかない。
- ➡ I can't think of anywhere romantic that would please her.
　　彼女が喜びそうなロマンティックな場所をどこも思いつかない。

5) He needs somewhere to relax. (quiet)
　　彼にはどこかくつろげる場所が必要だ。
- ➡ He needs somewhere quiet to relax.
　　彼にはどこかくつろげる静かな場所が必要だ。

8.5　勧誘の表現 (2) ·····························

〈Why don't we 〜?〉は直訳すると「なぜ私たちは〜しないのですか？」とい う意味ですが、それが転じて「**〜しませんか？**」と**人を勧誘**する際に使われます。

Why don't we clear away the dishes and play cards?
食器を片づけてトランプをしませんか？

〈How about 〜ing?〉は「**〜するのはどうでしょう？**」という提案の表現です が、勧誘の表現としても使われます。

How about clearing away the dishes and playing cards?
食器を片づけてトランプをするのはどうでしょう？

Two-Step Drill 🡒 🡒

聞こえてくる文を〈Why don't we 〜?〉の文に、さらに〈How about 〜ing?〉の 文に言い換えましょう。

Track No. Drill 8.5

1）Let's go shopping at the outlet mall. (Why)
　　そのアウトレット・モールに買い物に行こう。
　　➡　Why don't we go shopping at the outlet mall? (How)
　　　　そのアウトレット・モールに買い物に行きませんか？
　　➡　How about going shopping at the outlet mall?
　　　　そのアウトレット・モールに買い物に行くのはどうでしょう？
2）Let's join the gospel choir. (Why)
　　ゴスペルの聖歌隊に参加しましょう。
　　➡　Why don't we join the gospel choir? (How)
　　　　ゴスペルの聖歌隊に参加しませんか？

➡   How about joining the gospel choir?
　　ゴスペルの聖歌隊に参加するのはどうでしょう？

3）Let's take a dip in the pool. (Why)
　　プールでひと泳ぎしよう。

➡   Why don't we take a dip in the pool? (How)
　　プールでひと泳ぎしませんか？

➡   How about taking a dip in the pool?
　　プールでひと泳ぎするのはどうでしょう？

4）Let's see what they do first. (Why)
　　まず彼らの出方を見よう。

➡   Why don't we see what they do first? (How)
　　まず彼らの出方を見ませんか？

➡   How about seeing what they do first?
　　まず彼らの出方を見るのはどうでしょう？

5）Let's eat somewhere else for a change. (Why)
　　気晴らしにどこか違う場所で食べよう。

➡   Why don't we eat somewhere else for a change? (How)
　　気晴らしにどこか違う場所で食べませんか？

➡   How about eating somewhere else for a change?
　　気晴らしにどこか違う場所で食べるのはどうでしょう？

Unit 9
I might have a fever
（熱があるかもしれない）

ユキは大学の廊下でブライアンを見つけます。
どうやらブライアンは具合が悪そうです。

Yuki　Hey, <u>what's wrong with you?</u>※1 You look tired.

Brian　I'm a bit <u>under the weather</u>※2 today. I might **have a fever**.

Yuki　You should go home and get some rest.

Brian　I know, but I can't miss the next class.

Yuki　**You should go home right now, or** you'll make it worse.

Brian　Well ... I'll think about it.

Yuki　Seriously, Brian! You've been working too hard. **What you need to do now is get** enough rest.

Brian　All right, all right.

Yuki　I'll show you my class notes later.

Brian　Thanks. Yeah, you might be right. I need a break.

Yuki　And be sure to drink a lot of water. It'll help bring down the fever.

Brian　OK.

Yuki　Also, you should buy some aspirin on the way home **in case you get a high fever**.

Brian　I'll do that.

Yuki　Ah, and I'll text you **once every hour** to see if you're all right.

Brian　Enough, Yuki! Now you're making me feel worse ...

....

※1　具合が悪そうな人に「どうしたの？」とたずねる表現です。What's the matter with you? も同様の意味を持ちます。

Track No.
Dialog 9.1　Listening

Track No.
Dialog 9.2　Repeating

Track No.
Dialog 9.3　Role Playing (Brian's Role)

Track No.
Dialog 9.4　Role Playing (Yuki's Role)

ユキ　あら、どうしたの？　疲れた顔してるけど。

ブライアン　今日は少し具合が悪いんだ。熱があるかもしれない。

ユキ　家に帰って休むべきだね。

ブライアン　わかってるけど、次の授業は逃がせないんだ。

ユキ　今すぐ家に帰るべきだって。そうしないともっと具合が悪くなるよ。

ブライアン　うーん、考えとくよ。

ユキ　真剣に言ってるの、ブライアン！　がんばりすぎだって。今必要なのは十分休養することだよ。

ブライアン　わかった、わかった。

ユキ　あとで授業のノート見せてあげるよ。

ブライアン　ありがとう。そうだね、ユキが正しいかも。休養が必要だな。

ユキ　あと必ず水をたくさん飲んでね。熱を下げるのにいいから。

ブライアン　オッケー。

ユキ　それと、高熱が出るといけないから、帰りにアスピリンを買わなきゃだめだよ。

ブライアン　そうするよ。

ユキ　ああ、それと1時間おきに無事か確かめるメール送るよ。

ブライアン　もういいって、ユキ！　君のせいでよけいに具合が悪くなってきたよ…。

※2　「体調が悪い」という意味の表現です。

9.1 病気の表現

病気を表す表現には、主に以下の4つのタイプがあります。それぞれにふさわしい形で使えるようになりましょう。

〈have + a/an 名詞〉型

have a fever	熱がある	have a cold	風をひいている
have a cough	咳が出る	have a rash	発疹が出る
have a sore throat	のどが痛い	have a runny nose	鼻水が出る
have a stuffy nose	鼻がつまる	have a stomachache	おなかが痛い
have a toothache	歯が痛い	have a backache	腰が痛い
have a stiff shoulder	肩こりがする	have a migraine	片頭痛がする
have an allergy to 〜	〜のアレルギーがある	have a pain in the 〜	〜が痛い

〈have + 名詞（無冠詞）〉型

have anemia	貧血だ	have hay fever	花粉症だ
have nausea	吐き気がする		

〈have + the 名詞〉型

have the flu	インフルエンザにかかる	have the chills	寒気がする
have the measles	はしかにかかる		

〈feel + 形容詞〉型

feel dizzy	めまいがする	feel itchy	かゆい
feel nauseous	吐き気がする		

Consecutive Drill ━⬇━

Key Sentence に語句を代入しましょう。その際、適切な動詞を使うように気を
つけてください。

（Track No. Drill 9.1） Key Sentence:

I have the flu. (dizzy)

私はインフルエンザにかかっている。

1） I feel dizzy. (a sore throat)

私はめまいがする。

2） I have a sore throat. (nauseous)

私は喉が痛い。

3） I feel nauseous. (an allergy to milk)

私は吐き気がする。

4） I have an allergy to milk. (hay fever)

私は牛乳アレルギーだ。

5） I have hay fever.

私は花粉症だ。

9.2 must / have to / should + or ·····································

〈命令文 + or SV〉で「～しないと S は V する」という意味を表す文になりま
すが（3.2 参照）、**must / have to / should** といった、**義務のニュアンスを持つ助
動詞を伴う文**でも同様の文を作ることができます。

You must drink enough water during the marathon, or you'll get
dehydrated.

マラソンをしている間は十分水分補給をしないと脱水症状になるよ。

You should keep your room key with you at all times, or you won't be
able to get back in.

つねに部屋の鍵を携帯しておかないと部屋に入れなくなるよ。

Consecutive Drill ➡⬇➡

Key Sentence に節を代入しましょう。

Track No.
Drill 9.2

Key Sentence:
You must leave home earlier, or you'll miss the bus. (You have to hurry up)
もっと早く家を出ないとバスに乗り遅れるよ。

1） You have to hurry up, or you'll miss the bus. (or you won't get there in time)
急がないとバスに乗り遅れるよ。

2） You have to hurry up, or you won't get there in time. (or you'll be late for the appointment)
急がないとそこに時間までに着けないよ。

3） You have to hurry up, or you'll be late for the appointment. (You must catch the first train)
急がないと約束に遅れるよ。

4） You must catch the first train, or you'll be late for the appointment. (You must take a taxi)
始発電車に乗らないと約束に遅れるよ。

5） You must take a taxi, or you'll be late for the appointment.
タクシーに乗らないと約束に遅れるよ。

9.3 What SV is 動詞の原形 ································

第 2 文型の C（補語）に動詞を使う場合は、通常 to 不定詞や動名詞にします。

My dream is <u>to debut</u> as an actor on Broadway.
私の夢はブロードウェイで役者としてデビューすることだ。

Natasha's hobby is <u>watching</u> Japanese anime.

ナターシャの趣味は日本のアニメを見ることだ。

〈What SV is C〉の C に動詞を使う場合は、to 不定詞か原形（原形不定詞）にします。ただし、**原形を用いる方がより一般的**です。

> What you have to do now is (to) calm down and reflect on what you did.
> あなたが今しなければならないことは落ち着いて自分のしたことをよく考えることだ。

ここでの what は関係代名詞です（「上級」Unit 4 参照）。

本書のドリルでは〈what SV is C〉で、C に動詞の原形を用いる練習をしましょう。

One-Step Drill 🔄

聞こえてくる文を、続いて聞こえてくるフレーズを S とする〈What SV is C〉の文の C にあてはめて文を作りましょう。その際、C には動詞の原形を使いましょう。

**Track No.
Drill 9.3**

1) You should apologize to your client sincerely. (What you should do)
   あなたは顧客に真摯に謝罪するべきだ。
   ➡ What you should do is apologize to your client sincerely.
   　あなたがするべきことは顧客に真摯に謝罪することだ。

2) She wants me to finish up the budget report. (What she wants me to do)
   彼女は私に予算報告書を仕上げてほしい。
   ➡ What she wants me to do is finish up the budget report.
   　彼女が私にしてほしいことは予算報告書を仕上げることだ。

3） You have to concentrate on the task at hand. (What you have to do)
あなたは目の前の課題に集中しなければならない。

➡ What you have to do is concentrate on the task at hand.
あなたがしなければならないことは目の前の課題に集中することだ。

4） We need to back the budget bill. (What we need to do)
私たちはその予算案を支持する必要がある。

➡ What we need to do is back the budget bill.
私たちがする必要があることはその予算案を支持することだ。

5） You should start again from scratch. (What you should do)
あなたはもう一度一から始めるべきだ。

➡ What you should do is start again from scratch.
あなたがするべきことはもう一度一から始めることだ。

9.4 in case SV

〈in case〉は「～する場合に備えて」、「～だといけないので」という意味を持ち、接続詞として働きます。

Bring an umbrella in case it rains.
雨が降る場合に備えて傘を持っていきなさい。

if とほぼ同じ意味で使われることもあります。

Please start the meeting without me in case I'm late.
もし私が遅れたら私抜きで会議を始めてもらえますか？

このドリルでは「～する場合に備えて」「～だといけないので」という意味を持つ〈in case〉を使う練習をしましょう。

Consecutive Drill ━⬇━

Key Sentence に節を代入しましょう。

Key Sentence:

I'll reiterate the point in case you miss it. (You should record the TV show)

聞き逃すといけないのでポイントを繰り返しましょう。

1) You should record the TV show in case you miss it. (in case you can't get home in time)

   見逃すといけないのでそのテレビ番組は録画するべきだ。

2) You should record the TV show in case you can't get home in time. (You should take a taxi)

   帰宅が間に合わないといけないのでそのテレビ番組は録画するべきだ。

3) You should take a taxi in case you can't get home in time. (You should call up your family)

   帰宅が間に合わないといけないのでタクシーに乗るべきだ。

4) You should call up your family in case you can't get home in time. (in case they haven't seen your message)

   帰宅が間に合わないといけないので家族に電話をかけるべきだ。

5) You should call up your family in case they haven't seen your message.

   あなたのメッセージを見ていないといけないので家族に電話をかけるべきだ。

9.5 頻度を表す表現 ···

two times a year（1 年に 2 回）や once every two weeks（2 週間に 1 回）のように「に（つき）〜回」と表す頻度表現は、通常文末に置かれます。

> My father goes to the eye doctor <u>once a month</u>.
> 私の父は月に 1 度眼科に行く。

two times a year のように、「〜につき」の「〜」に当たる部分が**単数**の場合は、**名詞に a もしくは every** をつけます。

once <u>a day</u> / once <u>every day</u>	1 日に 1 回
twice <u>a month</u> / twice <u>every month</u>	ひと月に 2 回
three times <u>a year</u> / three times <u>every year</u>	1 年に 3 回

once every two weeks のように、「〜につき」の「〜」に当たる部分が**複数**の場合は、**every** をつけます。every のあとには単数名詞を使うのがルールですが、このような頻度表現では two weeks をひとまとまりととらえ、every のあとでも複数名詞が使われます。

once <u>every two days</u>	2 日に 1 回
once <u>every three weeks</u>	3 週間に 1 回

この表現の once を取ると「〜ごとに」という意味になります。

every two days	2 日ごとに
every three weeks	3 週間ごとに

every two は **every other** で言い換えることができます。**every two のあとには複数形、every other のあとには単数形**が使われることに注意してください。

every two days（2 日ごとに）➡ every other day（1 日おきに／隔日で）

every two weeks（2 週間ごとに）➡ every other week（1 週間おきに／隔週で）

every two months（2 か月ごとに）➡ every other month（1 か月おきに／隔月で）

また、頻度をたずねる場合は、〈How often〉を使います。

How often do you exercise at the gym?
あなたはどのくらいの頻度でジムでエクササイズをするのですか？

「〜につき」と期間を設定するときは、**回数をたずねる〈How many times〉**を使い、そのあとに **an hour / a day / a week / a month / a year** などを置きます（「初級」7.2.6 参照）。

How many times a week do you exercise at the gym?
あなたは週に何回ジムでエクササイズをするのですか？

〈How often〉は頻度、〈How many times〉は具体的な回数をたずねるもので、〈How often〉のほうがより広い意味を含んでいます。たとえば、以下のようにたずねても、相手はどのように答えていいかわかりません。

How many times do you exercise at the gym?　（×）
あなたは何回ジムでエクササイズをするのですか？

How many times is a Lower House election held in Japan?　（×）
日本で衆議院選挙は何回行われるのですか？

これらの場合は、いずれも〈How often〉とすべきです。

One-Step Drill ↻

聞こえてくる疑問文に、続いて聞こえてくる文の頻度を表す副詞句を使って答えましょう。主語は人称代名詞で、文要素は省略せずに答えます。元の文の I は you、you は I にしましょう。

Track No. Drill 9.5

1）How often do you eat out? (once a week)
あなたはどのくらいの頻度で外食しますか？
 ➡ I eat out once a week.
   私は週に 1 回外食します。

2）How often does Anton go on a business trip to Brazil? (once every three months)
アントンはどのくらいの頻度でブラジルに出張しますか？
 ➡ He goes on a business trip to Brazil once every three months.
   彼は 3 か月に 1 回ブラジルに出張します。

3）How often is the U.S. Census conducted? (once every ten years)
全米国勢調査はどのくらいの頻度で行われますか？
 ➡ It's conducted once every ten years.
   それは 10 年に 1 回行われます。

4）How many times a day should I take this medicine? (three times a day)
私は 1 日に何回この薬を飲まなければなりませんか？
 ➡ You should take this medicine three times a day.
   あなたは 1 日に 3 回この薬を飲まなければなりません。

5）How often are the World Athletics Championships held? (every other year)
世界陸上選手権大会はどのくらいの頻度で開かれますか？
 ➡ They're held every other year.
   1 年おきに開かれます。

※every other year（1 年おき）は every two years（2 年ごと）と言うこともできます。

114

Unit 10
You're meant to be here
（ユキはここにいるべくしているんだよ）

ユキは少しホームシック気味です。

Brian   Yuki. You've <u>been a bit down</u>[※1] recently.

Yuki   Well, I'm a little stressed out, actually. I have to read two chapters in the textbook every week, and it's ***as much as*** 100 pages!

Brian   I guess it's really tough for students whose first language isn't English.

Yuki   The discussion in class is also hard for me. ***All I can do during the discussion is listen*** to other students talking and just nod ...

Brian   I know what you mean.

Yuki   I've started to feel uncertain about the courses I'm taking. I wonder if I can get enough credits for graduation.

Brian   How are the classes going?

Yuki   Most of them are all right, but I***'m likely to*** fail some classes.

Brian   Mmm. ***If I were you***, I'd ask the professors for advice in order not to fail them.

Yuki   Yeah, maybe I should.

Brian   Keep your chin up, Yuki. You've been doing so well.

Yuki   Thanks. I love my life in the States, but I sometimes feel overwhelmed.

Brian   You***'re meant to*** be here. Remember? Together we will win an Oscar.

Yuki   Right!

Brian   It was the <u>gung-ho</u>[※2] spirit that brought you here.

Yuki   Thanks for your encouragement.

※1 　be down で「元気がない」という意味を表します。
※2 　「やる気満々の」という意味の形容詞です。

....

Track No. Dialog 10.1   Listening

Track No. Dialog 10.3   Role Playing (Yuki's Role)

Track No. Dialog 10.2   Repeating

Track No. Dialog 10.4   Role Playing (Brian's Role)

....

ブライアン ユキ、最近少し元気ないね。

ユキ えっと、実は少しストレスで参ってるんだ。毎週教科書を2章分読まないといけないんだけど、それが100ページもあるんだよ！

ブライアン 英語が第一言語じゃない学生にとってはすごく大変だろうね。

ユキ 授業中のディスカッションも私にとっては厳しいんだ。ディスカッションの間に私ができることといったら、他の学生が話しているのを聞いて頷くだけ…。

ブライアン 言ってること、わかるよ。

ユキ 受講してる大学のコースのことが不安になってきた。卒業に必要な単位取れるかなあ。

ブライアン 取ってる授業はどうなの？

ユキ だいたいは大丈夫だけど、いくつかは落としそう。

ブライアン うーん。もし僕がユキだったら、落とさないように教授にアドバイスをもらうかなあ。

ユキ うん。たぶんそうするべきね。

ブライアン 元気出して、ユキ。ほんとよくやってると思うよ。

ユキ ありがとう。アメリカでの生活はすごく好きなんだけど、たまに打ちのめされそうになる。

ブライアン ユキはここにいるべくしているんだよ。覚えてる？　僕たち一緒にオスカー取るんだよ！

ユキ そうだったね！

ブライアン ユキをここに連れてきたのはそのやる気だったんだろ。

ユキ 励ましてくれてありがとう。

....

10.1 as many as 〜 / as much as 〜 ·····················

〈as many as 〜〉と〈as much as 〜〉はどちらも「〜も（多くの）」と、多さを強調する表現です。〈as many as 〜〉は「数」の多さ（大きさ）を表すのに対して、〈as much as 〜〉は「量」の多さ（大きさ）に対して使われます。「数」とは人数や個数など、「量」とは金額、重さ、長さ、期間などのことです。

> Earl has visited <u>as many as</u> 50 countries.
> アールは 50 か国も訪れたことがある。

通常、many は可算名詞に対して、much は不可算名詞に対して使われますが、〈as many as 〜〉と〈as much as 〜〉の使い分けには注意が必要です。下の例文を見てください。

> Dolly paid <u>as much as</u> 30,000 dollars at an auction for the diamond necklace.
> ドリーはそのダイアモンドのネックレスのためにオークションで 3 万ドルも払った。

この文の dollar は、複数形になっていることからもわかるように可算名詞です。しかし、「金額」というのはあくまでも「量」なので〈as many as 〜〉ではなく〈as much as 〜〉を使います。「3 万ドルも（の量のお金を）払った」ということに焦点が当たっており、「ドル札を 3 万枚も払った」と「ドル紙幣の枚数」に焦点が当たっているわけではないからです。「金額」が「量」だということは〈how much〉でたずねることからも明らかです。

あとに「単位」がくる場合は通常「量」に焦点があたっているので〈as much as 〜〉を使います。

> I've gained <u>as much as</u> three kilograms in the past week.
> 私はこの 1 週間で 3 キロも太った。

Chika earns <u>as much as</u> a million yen a month.
チカは 1 か月に 100 万円も稼ぐ。

One-Step Drill ➴

聞こえてくる文を〈as many as 〜〉または〈as much as 〜〉を加えた文に言い換えましょう。

((Track No.
Drill 10.1))

1）Leah has eight cats in her home. (change)
リアは家で 8 匹の猫を飼っている。
➡　Leah has as many as eight cats in her home.
　　リアは家で 8 匹もの猫を飼っている。

2）He paid 30,000 yen for those jeans. (change)
彼はそのジーンズに 3 万円払った。
➡　He paid as much as 30,000 yen for those jeans.
　　彼はそのジーンズに 3 万円も払った。

3）The microscope can magnify objects up to 400 times their original size. (change)
その顕微鏡は対象物を最大で元のサイズの 400 倍拡大できる。
➡　The microscope can magnify objects up to as much as 400 times their original size.
　　その顕微鏡は対象物を最大で元のサイズの 400 倍も拡大できる。

4）Ten thousand citizens marched for peace. (change)
1 万人の市民が平和を求めて行進した。
➡　As many as 10,000 citizens marched for peace.
　　1 万人もの市民が平和を求めて行進した。

5） It's going to reach 100°F. (change)

　　気温が華氏 100 度に達しそうだ。

➡ It's going to reach as much as 100°F.

　　気温が華氏 100 度にまで達しそうだ。

※F は Fahrenheit（華氏）のことです。100°Fは「one hundred degrees Fahrenheit」と読みます。C は Celsius（摂氏）です。

10.2 All SV is 動詞の原形 ···

〈What SV is C〉同様（9.3 参照）、**〈All SV is C〉**でも、C（補語）に動詞を使う場合は、to 不定詞か原形（原形不定詞）にしますが、**原形を用いる方がより一般的**です。

また、この表現では only や just のニュアンスが出ます。

　　<u>All I need to do for my vacation is (to) relax</u> in nature.

　　私が休暇に必要とすることのすべては自然の中でリラックスすることだ。

≒ <u>I only need to relax</u> in nature for my vacation.

　　私は休暇にはただ自然の中でリラックスすることが必要だ。

all の後ろには目的格の関係代名詞 that が省略されています。

本書のドリルでは〈All SV is C〉で、C に動詞の原形を用いる練習をしましょう。

One-Step Drill 🎵

聞こえてくる文を、続いて聞こえてくるフレーズをSとする〈All SV is C〉の文
のCにあてはめ文を作りましょう。その際、Cには動詞の原形を使いましょう。

🎧 Track No.
Drill 10.2

1）I just want to apologize for my behavior last night. (All I want to do)
　　私はただ昨晩のふるまいを謝りたい。
　　➡ All I want to do is apologize for my behavior last night.
　　　私がしたいことのすべては昨晩のふるまいを謝ることだ。

2）I only want you to finish up the budget report. (All I want you to do)
　　私はただあなたに予算報告書を仕上げてほしい。
　　➡ All I want you to do is finish up the budget report.
　　　私があなたにしてほしいことのすべては予算報告書を仕上げるこ
　　　とだ。

3）You have only to concentrate on the task at hand. (All you have to do)
　　あなたは目の前の課題に集中しさえすればよい。
　　➡ All you have to do is concentrate on the task at hand.
　　　あなたがやるべきことのすべては目の前の課題に集中すること
　　　だ。

4）I just want to breathe fresh air. (All I want to do now)
　　私はただ新鮮な空気を吸いたい。
　　➡ All I want to do now is breathe fresh air.
　　　今私がしたいことのすべては新鮮な空気を吸うことだ。

5）You should just press this button to turn on the computer. (All you
　　need to do)
　　コンピュータの電源を入れるためにあなたはただこのボタンを押すべき
　　だ。
　　➡ All you need to do is press this button to turn on the computer.
　　　コンピュータの電源を入れるためにあなたがするべきことのすべ
　　　てはこのボタンを押すことだ。

10.3　be likely to do ···

〈be likely to do〉は「〜しそうだ」という意味を持ち、「ありそうなこと、起こりそうなこと」を表すときに使います。

> The securities firm <u>is likely to</u> make a record profit this year.
> その証券会社は今年記録的な利益をあげそうだ。

比較級の〈be more likely to do〉で「より〜しそうだ」、最上級の〈be most likely to do〉で「もっとも〜しそうだ」という意味になります。

> The employees of the company <u>are more likely to</u> listen to you than anyone else.
> その会社の従業員たちは他の誰の言うことよりもあなたの言うことに耳を傾けそうだ。

> Her business plan <u>is most likely to</u> be adopted.
> 彼女のビジネスプランがもっとも採用されそうだ。

Two-Step Drill ↷ ↷

聞こえてくる文にさらに聞こえてくるフレーズを文末に加え、比較級の文を作りましょう。次に、そのフレーズを取って最上級の文を作りましょう。

((• Track No.
Drill 10.3 •))

1) He's likely to do well in the company. (than any of his colleagues)
   彼はその会社で成功しそうだ。
   ➡ He's more likely to do well in the company than any of his colleagues. (most)
   彼は同僚の誰よりその会社で成功しそうだ。

➡ He's most likely to do well in the company.
彼はもっともその会社で成功しそうだ。

2） She's likely to succeed the outgoing prime minister. (than any of the other candidates)
彼女は辞任する首相の座を継ぎそうだ。

➡ She's more likely to succeed the outgoing prime minister than any of the other candidates. (most)
彼女は他の候補者の誰より辞任する首相の座を継ぎそうだ。

➡ She's most likely to succeed the outgoing prime minister.
彼女はもっとも辞任する首相の座を継ぎそうだ。

3） Paul is likely to win the gold medal in the marathon. (than all the other runners)
ポールはマラソンで金メダルを取りそうだ。

➡ Paul is more likely to win the gold medal in the marathon than all the other runners. (most)
ポールは他のすべてのランナーよりマラソンで金メダルを取りそうだ。

➡ Paul is most likely to win the gold medal in the marathon.
ポールはもっともマラソンで金メダルを取りそうだ。

4） The city is likely to be chosen as the host for the next world championships. (than any other candidate)
その都市は次の世界選手権の開催地に選ばれそうだ。

➡ The city is more likely to be chosen as the host for the next world championships than any other candidate. (most)
その都市は他のどの候補地より次の世界選手権の開催地に選ばれそうだ。

➡ The city is most likely to be chosen as the host for the next world championships.
その都市はもっとも次の世界選手権の開催地に選ばれそうだ。

5) The sales strategy of the tech company is likely to succeed. (than that of its competitors)

　そのテクノロジー企業の販売戦略は成功しそうだ。

➡ The sales strategy of the tech company is more likely to succeed than that of its competitors. (most)

　そのテクノロジー企業の販売戦略はライバル会社のものより成功しそうだ。

➡ The sales strategy of the tech company is most likely to succeed.

　そのテクノロジー企業の販売戦略はもっとも成功しそうだ。

10.4 助言や提案の表現 (2)

「現在の事実に反すること」を述べる際には仮定法過去を使います(「上級」12.1.1 参照)。

If I had enough time and money, I'd fly to Hawaii right now.
もし十分な時間とお金があれば、今すぐハワイに飛び立つだろう。

〈if I were you〉は「もし私があなたなら」という意味を持つことから、助言や提案をする際によく使われます。

If I were you, I'd stand by her.
もし私があなたなら彼女のそばにいてあげるだろう。

I wouldn't go back to him if I were you.
もし私があなたなら彼とはよりを戻さないだろう。

Two-Step Drill ↱ ↱

　聞こえてくる文に対して、助言・提案をしてみましょう。その際、条件節（if節）は If I were you として文頭に置き、続いて聞こえてくる文を帰結節（主節）とします。その後、「reverse」と聞こえたら、条件節と帰結節の順番を入れ替えましょう。

**Track No.
Drill 10.4**

1) I don't know what to buy for my son's birthday. (I'd increase his allowance)
   息子の誕生日に何を買うべきかわからない。
   ➡ If I were you, I'd increase his allowance. (reverse)
   　もし私があなたなら小遣いを上乗せするだろう。
   ➡ I'd increase his allowance if I were you.

2) Lester had a fight with his wife again. (I'd stay out of their argument)
   レスターはまた妻とけんかをした。
   ➡ If I were you, I'd stay out of their argument. (reverse)
   　もし私があなたなら彼らの口論には深入りしないだろう。
   ➡ I'd stay out of their argument if I were you.

3) The rent for this apartment is too high. (I'd move to a studio apartment)
   このマンションの家賃は高すぎる。
   ➡ If I were you, I'd move to a studio apartment. (reverse)
   　もし私があなたならワンルームマンションに引っ越すだろう。
   ➡ I'd move to a studio apartment if I were you.

4) She's been so standoffish to me lately. (I'd ask her why)
   最近彼女は私にとてもよそよそしい。
   ➡ If I were you, I'd ask her why. (reverse)
   　もし私があなたなら彼女に理由をたずねるだろう。
   ➡ I'd ask her why if I were you.

5） I'll buy a new carpet on the Internet auction site. (I'd go to the shop instead)

新しいカーペットをインターネットのオークションサイトで買うつもりだ。

➡ If I were you, I'd go to the shop instead. (reverse)
もし私があなたならそうせずに店に行くだろう。

➡ I'd go to the shop instead if I were you.

10.5 be meant to do ··

〈be meant to do〉は「〜する運命だ」や「〜することになっている」という意味を持つフレーズです。

We <u>were meant to</u> be together.
私たちは一緒になる運命だった。

The drainage water here <u>is meant to</u> be purified and reused as industrial water.
ここの排水は浄化され工業用水として再利用されることになっている。

One-Step Drill 🔁

聞こえてくる文を〈be meant to do〉を使った文に言い換えましょう。

((Track No. Drill 10.5))

1） She became an A-list actor. (meant)
彼女は一流の俳優になった。

➡ She was meant to become an A-list actor.
彼女は一流の俳優になる運命だった。
※actor は性別にかかわらず使用される単語です。

2） These bags will be reused. (meant)
これらのかばんは再び利用される。

➡ 　These bags are meant to be reused.
　これらのかばんは再び利用されることになっている。

3）This building will be demolished in August. (meant)
　この建物は 8 月に解体されるだろう。

➡ 　This building is meant to be demolished in August.
　この建物は 8 月に解体されることになっている。

4）He was successful in the business world. (meant)
　彼は実業界で成功した。

➡ 　He was meant to be successful in the business world.
　彼は実業界で成功する運命だった。

5）We have to be back at the dormitory by 7 p.m. (meant)
　私たちは夜の 7 時までに寮に戻らなければならない。

➡ 　We're meant to be back at the dormitory by 7 p.m.
　私たちは夜の 7 時までに寮に戻ることになっている。

Unit 11
How about if we have a big lunch today?
（今日のランチは豪勢にいかない？）

....

午前の授業を終え、ユキとブライアンはランチの相談をしています。

Yuki　Hi, Brian. What's up?

Brian　<u>Nothing much</u>.※1 I have coupons for free meals at the steak restaurant. *How about if* we have a big lunch today?

Yuki　That's *such* a great idea. I need an energy boost for the afternoon classes, *plus* I only have 5 dollars in my wallet.

Brian　Oh, then you should thank me!

Yuki　Thank you! I'm so hungry. I *feel like* I can eat one whole pound of steak!

Brian　I like their steak. It's so <u>succulent</u>.※2

Yuki　Mmm, sounds delicious! So what is the restaurant called?

Brian　Charcoal Bronson.

Yuki　That *rings a bell*. Is that the one near the big park?

Brian　Yes, that's the one.

Yuki　Great. I've been wanting to go there.

Brian　Let's walk there.

Yuki　Walk? How long will it take?

Brian　It won't take long. Just 40 minutes.

Yuki　40 minutes? I'll be exhausted before I get there ...

....

※1　"What's up?"「調子はどう？」に対する返答で「変わりないよ」という意味です。

((• Track No. •)) Listening
Dialog 11.1

((• Track No. •)) Repeating
Dialog 11.2

((• Track No. •)) Role Playing (Brian's Role)
Dialog 11.3

((• Track No. •)) Role Playing (Yuki's Role)
Dialog 11.4

ユキ　やあ、ブライアン。調子はどう？

ブライアン　変わりないよ。ステーキレストランの無料食事券があるんだ。今日のランチは豪勢にいかない？

ユキ　それはとてもいい案だね。午後の授業のためにエネルギー補給しないといけないし。それに、財布の中にはたったの5ドルしか入っていないしね。

ブライアン　おお、じゃ僕に感謝しないとね！

ユキ　ありがとう！　すごくおなかすいてる。1ポンドのステーキを丸ごと食べられそうな気がする！

ブライアン　そこのステーキ好きなんだ。すごくジューシーでね。

ユキ　うーん、おいしそう！　それでそのレストランはなんていう名前なの？

ブライアン　チャコール・ブロンソン。

ユキ　聞いたことあるなあ。それって大きな公園の近くにあるやつ？

ブライアン　そう、そこだよ。

ユキ　いいね。そこずっと行ってみたかったんだ。

ブライアン　歩いて行こうよ。

ユキ　歩く？　どれくらいかかるの？

ブライアン　そんなにかからないよ。たったの40分。

ユキ　40分？　レストランに着く前に疲れ果てちゃうよ…。

※2　「汁や水気の多い」という意味の単語ですが、肉に対して使うときは「ジューシーな」「肉汁たっぷりの」という意味になります。

11.1　How about if SV? ··

8.5 で学習した〈How about 〜ing?〉と同じように、〈**How about if SV?**〉も「**S**
が V するのはどうでしょう?」と提案したり**勧誘**したりする際に用いられます。勧
誘の場合、主語は we になります。

> How about if we get together sometime next week to discuss the
> matter?
> 来週のどこかで集まってその件について話し合うのはどうでしょう?

if は省略することができます。

> How about we get together sometime next week to discuss the
> matter?

Two-Step Drill 🗘 🗘

聞こえてくる文を〈How about if SV?〉を使った勧誘の文に言い換えましょう。
さらに、「omit」と聞こえたら、if を省略して言いましょう。

((Track No.
Drill 11.1))

1) How about going shopping at the outlet mall? (if)
   そのアウトレット・モールに買い物に行くのはどうでしょう?
   ➡ How about if we go shopping at the outlet mall? (omit)
   ➡ How about we go shopping at the outlet mall?

2) How about joining the gospel workshop? (if)
   ゴスペルのワークショップに参加するのはどうでしょう?
   ➡ How about if we join the gospel workshop? (omit)
   ➡ How about we join the gospel workshop?

3）　How about taking a dip in the pool? (if)
　　プールでひと泳ぎするのはどうでしょう？
　　➡　How about if we take a dip in the pool? (omit)
　　➡　How about we take a dip in the pool?

4）　How about taking the stray cat in for a few days? (if)
　　その迷子の猫を数日預かるのはどうでしょう？
　　➡　How about if we take the stray cat in for a few days? (omit)
　　➡　How about we take the stray cat in for a few days?

5）　How about eating somewhere else for a change? (if)
　　気晴らしにどこか違う場所で食べるのはどうでしょう？
　　➡　How about if we eat somewhere else for a change? (omit)
　　➡　How about we eat somewhere else for a change?

11.2　程度の大きさを表す such

　such は「**そのように**」という意味を持ちますが、**程度の大きさ**を表し「**とても**」という意味で使われることもあります。名詞が単数の場合、語順は〈**such + a/an + 形容詞 + 名詞**〉になることに注意しましょう。以下の例文で very を使った文との語順の違いを確認しましょう。

　　In Search of Lost Time is <u>such a long story</u>.
　　『失われた時を求めて』はとても長い物語だ。

➡　*In Search of Lost Time* is <u>a very long story</u>.

　　He's written up the research paper in <u>such a short space of time</u>.
　　彼はとても短い期間でその研究論文を書き上げた。

➡　He's written up the research paper in <u>a very short space of time</u>.

One-Step Drill ↻

聞こえてくる文を、such を使った文に言い換えましょう。

((• Track No.
Drill 11.2 •))

1）　Ryu is a very generous guy. (such)
リュウはとても気前のいい男性だ。

　➡　Ryu is such a generous guy.

2）　That internship program was a very good experience for her. (such)
そのインターンシップ・プログラムは彼女にとってとてもよい経験だった。

　➡　That internship program was such a good experience for her.

3）　The shop has a very wide selection of products. (such)
その店はとても幅広く製品を揃えている。

　➡　The shop has such a wide selection of products.

4）　It was a very lucky find. (such)
それは大変な掘り出し物だった。

　➡　It was such a lucky find.

5）　He has very beautiful eyes. (such)
彼はとてもきれいな目をしている。

　➡　He has such beautiful eyes.

11.3　plus

plus は口語で「**その上**」という意味を持つ**接続詞**として使われることがあります。

Agatha has a degree in math, <u>plus</u> she's now studying to become a lawyer.
アガサは数学の学位を持っている。その上、彼女は今弁護士になるために勉強をしている。

もちろん、この 2 つの文を and を使ってつなぐこともできます。

Agatha has a degree in math, <u>and</u> she's now studying to become a lawyer.

and ではなく plus を使うと「**その上（こんなことまで）**」というニュアンスを含む文を作ることができます。

One-Step Drill 🎤

聞こえてくる文を、plus を使って「その上」という意味を強調した文に言い換えましょう。

((Track No. Drill 11.3))

1） He came back home really late, and he was pretty drunk. (plus)
   彼はとても遅く帰宅した。そして彼はかなり酔っぱらっていた。
   ➡ He came back home really late, plus he was pretty drunk.
      彼はとても遅く帰宅した。その上彼はかなり酔っぱらっていた。

2） The rent for Kenji's apartment is reasonable, and it's near the center of town. (plus)
   ケンジのアパートの家賃は手ごろだ。そして町の中心部に近い。
   ➡ The rent for Kenji's apartment is reasonable, plus it's near the center of town.
      ケンジのアパートの家賃は手ごろだ。その上町の中心部に近い。

3） Giving up smoking is good for your health, and it saves you money. (plus)
   禁煙は健康にいい。そしてお金も節約できる。
   ➡ Giving up smoking is good for your health, plus it saves you money.
      禁煙は健康にいい。その上お金も節約できる。

4） This air purifier removes bacteria and viruses, and it humidifies the room. (plus)

この空気清浄機はバクテリアやウイルスを除去する。そして部屋を加湿してくれる。

➡ This air purifier removes bacteria and viruses, plus it humidifies the room.

この空気清浄機はバクテリアやウイルスを除去する。その上部屋を加湿してくれる。

5） The sushi at that restaurant is exquisite, and it's easy on the wallet. (plus)

あのレストランの寿司は絶品だ。そして財布にやさしい。

➡ The sushi at that restaurant is exquisite, plus it's easy on the wallet.

あのレストランの寿司は絶品だ。その上財布にやさしい。

11.4 feel like SV

〈feel like SV〉は「S が V するような気がする (している)」という意味を表します。

I <u>feel like</u> I'm on the top of the world.
世界のてっぺんにいるような気がする。

He <u>feels like</u> she's avoiding him.
彼は彼女が自分を避けているような気がしている。

One-Step Drill 🔁

聞こえてくる文の文頭に続いて聞こえてくるフレーズを加え、文を作りましょう。

(Track No.
Drill 11.4)

1） I understand what you mean. (I feel like)
あなたの言うことがわかる。

➡ I feel like I understand what you mean.
あなたの言うことがわかるような気がする。

2） He's been left behind. (He feels like)
彼は取り残されている。

➡ He feels like he's been left behind.
彼は自分が取り残されている気がしている。

3） My job has become routine. (I feel like)
仕事がマンネリ化している。

➡ I feel like my job has become routine.
仕事がマンネリ化しているような気がする。

4） Something good will happen today. (She feels like)
今日何かいいことが起こるだろう。

➡ She feels like something good will happen today.
彼女は今日何かいいことが起こりそうな気がしている。

5） He takes me for granted. (I feel like)
彼は私がいて当たり前だと思っている。

➡ I feel like he takes me for granted.
彼は私がいて当たり前だと思っている気がする。

11.5 ring a bell ···

〈ring a bell〉は「(主語が)**聞き覚えがある**」という表現です。

The name <u>rings a bell</u>.
その名前は聞き覚えがある。

➡　The name sounds familiar. または The name sounds vaguely familiar.

〈sound familiar〉とほぼ同じ意味ですが、〈ring a bell〉は「聞き覚えがある気がする」というような薄い記憶に対しても使われることを覚えておきましょう。

One-Step Drill ↻

聞こえてくる文を〈ring a bell〉を使った文に言い換えましょう。

((Track No.
Drill 11.5))

1）That sounds familiar. (change)
　　それは聞いたことがある。
　　➡　That rings a bell.

2）The name Helen Merrill sounds familiar. (change)
　　ヘレン・メリルの名前は聞いたことがある。
　　➡　The name Helen Merrill rings a bell.

3）Doesn't this melody sound familiar? (change)
　　このメロディーを聞いたことがありませんか？
　　➡　Doesn't this melody ring a bell?

4）None of the names on the list sound familiar. (change)
　　リストにあるどの名前も聞いたことがない。
　　➡　None of the names on the list ring a bell.

5） What you've just said sounds familiar. (change)

今あなたが言ったことは聞いたことがある。

➡　What you've just said rings a bell.

Unit 12
If you ask me, Megaflix is the best
（僕に言わせると、メガフリックスが一番だね）

授業前、すでに教室で席に着いているユキのところにブライアンが来て
話しかけます。ユキはノートパソコンで何か調べものをしているようです。

Brian Hi, Yuki. How's it going?

Yuki Good, thanks. How about you?

Brian All right. What are you looking up?

Yuki I'd like to subscribe to a streaming service, but I'm not sure which one is good.

Brian *If you ask me*, Megaflix is the best. They have a wide variety of movies.

Yuki Oh yeah? What about the cost?

Brian It's not the cheapest but *considering* the variety of movies, the monthly fee is reasonable.

Yuki Mmm ... That sounds appealing to me.

Brian *Why not* start with a free trial?

Yuki Maybe I will. And is the contract renewed automatically *once I become a member*?

Brian Yes, it is. So if you stop watching videos, don't forget to cancel your membership.

Yuki Got it[1].

Brian Hey, the class *is about to* start.

Yuki Do you remember what today's discussion topic is?

Brian Let me check. Well, the syllabus says it's "The decline in the number of movie-goers[2]."

Yuki Oh, today's discussion might stop me from registering with Megaflix ...

※1 「わかった」「了解」という意味の表現です。
※2 読んで字のごとく「映画を見に行く人」という意味です。

((( ))) Track No. Dialog 12.1 Listening   **((( ))) Track No. Dialog 12.3** Role Playing (Yuki's Role)

((( ))) Track No. Dialog 12.2 Repeating   **((( ))) Track No. Dialog 12.4** Role Playing (Brian's Role)

ブライアン　やあ、ユキ。調子はどう？

ユキ　いいよ、ありがとう。ブライアンは？

ブライアン　まあまあだね。何を調べてるの？

ユキ　動画のストリーミング・サービスの会員になりたいんだけど、どれがいいのかわからなくて。

ブライアン　僕に言わせると、メガフリックスが一番だね。映画の種類が豊富なんだ。

ユキ　そうなの？　費用はどう？

ブライアン　一番安いわけじゃないけど、映画の種類が豊富なことを考えると月額は高くないよ。

ユキ　うーん、魅力的だなあ。

ブライアン　無料体験から始めてみたら？

ユキ　たぶんそうすると思う。一度会員になったら、契約は自動的に更新されるの？

ブライアン　そうだよ。動画を見るのをやめたら退会するのを忘れないようにね。

ユキ　わかった。

ブライアン　ほら、授業が始まるよ。

ユキ　今日のディスカッションのトピック覚えてる？

ブライアン　確認してみる。えっと、シラバスには「映画を見に行く人の数の減少」って書いてるなあ。

ユキ　あら、今日のディスカッションのせいでメガフリックスに登録しないことになるかも。

12.1 in my opinion / if you ask me ··························

　自分の意見を言う際、〈in my opinion〉や〈if you ask me〉といった表現がよく使われます。〈in my opinion〉は「**私の考えでは**」という意味で少しフォーマルな響きがあります。一方、〈if you ask me〉は「**私に言わせれば**」という意味を持ち、カジュアルな会話でよく使われる表現です。

> If you ask me, soccer is the most exciting sport.
> 私に言わせれば、サッカーが一番エキサイティングなスポーツだ。

　日本語では「〜と思う」という表現が多用されることから、日本語母語話者は英語でも「I think」を使いすぎるとよく言われます。I think に代わるこれらの表現を身につけ、よりバリエーションに富んだ英語を話せるようになりましょう。

Two-Step Drill 🔄 🔄

　聞こえてくる文を〈in my opinion〉を使った文に言い換えましょう。さらに、〈if you ask me〉を使った文にしましょう。

((Track No.))
Drill 12.1

1）　I think this laser printer is the best buy. (In my opinion)
　　このレーザープリンターが一番お買い得だと思う。
　　➡ In my opinion, this laser printer is the best buy. (If you ask me)
　　　私の考えでは、このレーザープリンターが一番お買い得だ。
　　➡ If you ask me, this laser printer is the best buy.
　　　私に言わせれば、このレーザープリンターが一番お買い得だ。

2）　I think social media has both positive and negative impacts on its users. (In my opinion)
　　ソーシャルメディアは利用者によい影響も悪い影響も与えていると思う。

➡ In my opinion, social media has both positive and negative impacts on its users. (If you ask me)

私の考えでは、ソーシャルメディアは利用者によい影響も悪い影響も与えている。

➡ If you ask me, social media has both positive and negative impacts on its users.

私に言わせれば、ソーシャルメディアは利用者によい影響も悪い影響も与えている。

3）I think the proverb "All work and no play makes Jack a dull boy" is true. (In my opinion)

「勉強ばかりして遊ばないと子どもはだめになる」ということわざは正しいと思う。

➡ In my opinion, the proverb "All work and no play makes Jack a dull boy" is true. (If you ask me)

私の考えでは、「勉強ばかりして遊ばないと子どもはだめになる」ということわざは正しい。

➡ If you ask me, the proverb "All work and no play makes Jack a dull boy" is true.

私に言わせれば、「勉強ばかりして遊ばないと子どもはだめになる」ということわざは正しい。

4）I think living in the countryside is more relaxing than living in the city. (In my opinion)

都会に住むより田舎に住む方がリラックスできると思う。

➡ In my opinion, living in the countryside is more relaxing than living in the city. (If you ask me)

私の考えでは、都会に住むより田舎に住む方がリラックスできる。

➡ If you ask me, living in the countryside is more relaxing than living in the city.

私に言わせれば、都会に住むより田舎に住む方がリラックスできる。

5） What he says is logical, but I think it'll just create bitter feelings. (in my opinion)

彼の言っていることは論理的だが、私はそれは反感を買うだけだと思う。

➡ What he says is logical, but in my opinion, it'll just create bitter feelings. (if you ask me)

彼の言っていることは論理的だが、私の考えでは、それは反感を買うだけだ。

➡ What he says is logical, but if you ask me, it'll just create bitter feelings.

彼の言っていることは論理的だが、私に言わせれば、それは反感を買うだけだ。

12.2 considering 〜 / given 〜 ·····

〈considering 〜〉と〈given 〜〉は「〜を考慮に入れると」という意味の表現です。

Considering the age of our PCs, it's almost time to buy new ones.

私たちのパソコンの使用年数を考慮に入れると、そろそろ新しいものを買う時期だろう。

Given the high cost of the rent, we might have to find a cheaper apartment.

高額の家賃のことを考慮に入れると、私たちはもっと安いアパートを見つけないといけないかもしれない。

One-Step Drill ↷

聞こえてくる文を、指示にしたがって〈given 〜〉または〈considering 〜〉を使った文に言い換えましょう。

Track No.
Drill 12.2

1） Considering the possibility of heavy rain, the outdoor event should be canceled. (Given)
大雨の可能性を考慮に入れると、その野外イベントは中止されるべきだ。
➡ Given the possibility of heavy rain, the outdoor event should be canceled.

2） Given her work experience, she's the right person for this position. (Considering)
職歴を考慮に入れると、彼女はこのポジションに適任だ。
➡ Considering her work experience, she's the right person for this position.

3） Considering the current circumstances, we might have to avoid visiting that country. (Given)
現在の情勢を考慮に入れると、その国への訪問は避けなければならないかもしれない。
➡ Given the current circumstances, we might have to avoid visiting that country.

4） Given the complexity of the job, I'll need someone to help me. (Considering)
その仕事の複雑さを考慮に入れると、私は誰か手伝ってくれる人が必要だ。
➡ Considering the complexity of the job, I'll need someone to help me.

5) Considering the surge in gas prices, we should think about using public transportation to get to work. (Given)

ガソリン代の急騰を考慮に入れると、私たちは通勤に公共交通機関を使うことを考えるべきだ。

➡ Given the surge in gas prices, we should think about using public transportation to get to work.

12.3 助言や提案の表現 (3)

〈Why don't you 〜? 〉は「〜したらどう?」と助言したり提案したりする際に使われます。

Why don't you stop smoking?
禁煙したらどう?

Why don't you hold your tongue and listen to me for once?
たまには少し黙って私の話を聞いたらどう?

〈Why don't you 〜?〉の文は、次のように〈Why not 〜?〉の文に省略することができます。**not のあとには動詞の原形**がくることに気をつけましょう。

Why not stop smoking?

Why not hold your tongue and listen to me for once?

Two-Step Drill 🔁 🔁

聞こえてくる文を〈Why don't you 〜?〉を使った文に言い換えましょう。さらに、
〈Why not 〜?〉を使った文にしましょう。

**Track No.
Drill 12.3**

1） How about taking a short nap? (Why)
少し仮眠をとったらどう？
- ➡ Why don't you take a short nap? (omit)
- ➡ Why not take a short nap?

2） How about refreshing yourself with a hot bath? (Why)
熱いお風呂に入ってリフレッシュしたらどう？
- ➡ Why don't you refresh yourself with a hot bath? (omit)
- ➡ Why not refresh yourself with a hot bath?

3） How about buying sunflowers for Father's Day? (Why)
父の日にひまわりを買ったらどう？
- ➡ Why don't you buy sunflowers for Father's Day? (omit)
- ➡ Why not buy sunflowers for Father's Day?

4） How about trying chiropractic for your slipped disk?（Why）
ギックリ腰にカイロプラクティックを試してみたらどう？
- ➡ Why don't you try chiropractic for your slipped disk? (omit)
- ➡ Why not try chiropractic for your slipped disk?

5） How about sending a reminder email just to be sure? (Why)
念のためにリマインドのメールを送ったらどう？
- ➡ Why don't you send a reminder email just to be sure? (omit)
- ➡ Why not send a reminder email just to be sure?

12.4 once SV (1) ⋯⋯⋯⋯⋯⋯⋯⋯⋯⋯⋯⋯⋯⋯⋯⋯⋯⋯⋯⋯⋯

〈once SV〉は「一度～したら」という意味のフレーズです。副詞の once（一度、いったん）を接続詞として使うものです。ダイアログの中でも、ユキはこの意味で〈once SV〉を使っています。

ただ、〈once SV〉は、「一度～したら」とか「いったん～したら」とだけ覚えておくには、あまりにもったいない表現です。

たとえば、「日が暮れたらホタルが出てきて光り始める」などと言いたいとき、日本語母語話者である私たちはつい if を使ってしまいがちです。

　　　If the sun sets, fireflies come out and start glowing.（×）

if は「するかしないか（起こるか起こらないか）の可能性が fifty-fifty であること」を前提としています。言うまでもなく、地域によって白夜が起こることはあっても、必ず日は沈み、また昇ります。したがって、この文脈で if は使えず、次のように when で表します。

　　　When the sun sets, fireflies come out and start glowing.
　　　日が暮れたらホタルが出てきて光り始める。

つまり、when で未来のことを述べるときは、「必ずすること（起こること）」を前提とします。そして、この when を使う文脈で、英語ネイティブはよく once を使うのです。「一度～すれば」というよりは、むしろ「～したら、次に（次は）」とでも訳すべき「順序」に焦点を当てた表現です。

　　　Once the sun sets, fireflies come out and start glowing.
　　　日が暮れたらホタルが出てきて光り始める。

日本語にすると同じでも、when と比べて once のほうが、**よりはっきりと「日が暮れる➡ホタルが光り始める」という順序を説明**していることがわかります。

また、接続詞の once は、しばしば現在完了形とセットで使われます。

Once the sun <u>has set</u>, fireflies come out and start glowing.
日が暮れたらホタルが出てきて光り始める。

これは現在完了形の「完了」用法（「初級」11.1 参照）で、「～し終えた（ところ）」という意味です。やはり日本語にすると変わりませんが、once が表す「順序」の意味をより際立たせる役割を果たしています。

最後に、if や when 同様、接続詞の once が作る副詞節は「時」や「条件」を表しますので、その中では、未来のことであっても、will ではなく現在時制を使うことに注意してください（「中級」1.2 参照）。

Two-Step Drill ⤵ ⤵

聞こえてくる文を主節とし、続いて聞こえてくる文を従属節（副詞節）として 1 文にしましょう。その際、接続詞には once を使い、副詞節は文頭に置きます。さらに、「reverse」と聞こえたら、主節と副詞節の順番を入れ替えましょう。**1）～2）**は「一度～すれば」、**3）～5）**は when に代わる表現になっています。

🔊 Track No.
Drill 12.4

1）　She can't stop eating chocolate. (She starts.)
　　彼女はチョコレートを食べるのをやめられない。
　　➡　Once she starts, she can't stop eating chocolate. (reverse)
　　　　彼女は一度チョコレートを食べ始めたらやめられない。
　　➡　She can't stop eating chocolate once she starts.

2）　It's a cinch. (You've learned the ropes.)
　　そんなことは朝飯前だ。
　　➡　Once you've learned the ropes, it's a cinch. (reverse)
　　　　一度コツを覚えたらそんなことは朝飯前だ。
　　➡　It's a cinch once you've learned the ropes.

3）You're free to leave. (You've finished.)
帰っていいですよ。

⇒ Once you've finished, you're free to leave. (reverse)
終わったら帰っていいですよ。

⇒ You're free to leave once you've finished.

4）Beaches are open to the public. (The rainy season is over.)
ビーチが一般に向けオープンする（海開きだ）。

⇒ Once the rainy season is over, beaches are open to the public. (reverse)
梅雨が明けたらビーチが一般に向けオープンする（海開きだ）。

⇒ Beaches are open to the public once the rainy season is over.

5）Cicadas will start singing again. (The evening shower has stopped.)
またセミが鳴き始めるだろう。

⇒ Once the evening shower has stopped, cicadas will start singing again. (reverse)
夕立が上がったらまたセミが鳴き始めるだろう。

⇒ Cicadas will start singing again once the evening shower has stopped.

12.5 be about to do

〈be about to do〉は「（まさに）～しようとしている」「（まさに）～するところだ」という意味を持つ表現です。

Miranda <u>is about to</u> leave her office.
ミランダは（まさに）会社を出ようとしている。

We'<u>re about to</u> eat dinner.
私たちは（まさに）夕飯を食べるところだ。

One-Step Drill 🎣

聞こえてくる文を〈be about to do〉を使った文に言い換えましょう。

🔊 Track No.
Drill 12.5

1） He'll throw a no-hitter. (about)
彼はノーヒット・ノーランを達成するだろう。

　➡　He's about to throw a no-hitter.
　　　彼はまさにノーヒット・ノーランを達成しようとしている。

2） Our next book will be published. (about)
私たちの次の本が出版されるだろう。

　➡　Our next book is about to be published.
　　　私たちの次の本がまさに出版されようとしている。

3） The American football season will get underway. (about)
アメリカンフットボールのシーズンが始まるだろう。

　➡　The American football season is about to get underway.
　　　アメリカンフットボールのシーズンがまさに始まろうとしている。

4） The presidential campaign will kick off. (about)
大統領選挙戦の火蓋が切られるだろう。

　➡　The presidential campaign is about to kick off.
　　　大統領選挙戦の火蓋がまさに切られようとしている。

5） My phone battery will die. (about)
電話の充電が切れるだろう。

　➡　My phone battery is about to die.
　　　電話の充電が今にも切れそうだ。

Unit 13
Company employees usually retire at the age of 65
（会社員はふつう 65 歳で定年だよ）

ユキとブライアンは、アメリカと日本の職場環境の違いについて話しています。

Brian I've heard job <u>turnover rates</u>[※1] in Japan are low **compared to** those in the States. Is it true?

Yuki Yes, nowadays more young people tend to change jobs than before, but the rates are still not as high as in this country.

Brian Do you think it's related to the Japanese character?

Yuki I guess so. Once they enter a company, many of them keep working there until their retirement.

Brian Is there a particular retirement age in Japan?

Yuki Yes, company employees usually retire **at the age of 65**.

Brian That doesn't sound bad. You know, in the States many people **are subject to** sudden layoffs.

Yuki Oh, that's too bad.

Brian Yeah.

Yuki But I'm the type of person who needs **a sense of** excitement in life, so I**'d rather not** work for the same company for too long.

Brian Same here.

Yuki I hope our lives will be full of excitement.

Brian If we can both become screenwriters, that will definitely be <u>the case</u>[※2]. So Yuki, how about completing our assignment first? It's due tomorrow.

Yuki Oh no, I totally forgot about it!

※1　「転職率」「離職率」という意味です。
※2　この文では「現実」という意味で使われています。

Track No. Dialog 13.1 Listening

Track No. Dialog 13.3 Role Playing (Yuki's Role)

Track No. Dialog 13.2 Repeating

Track No. Dialog 13.4 Role Playing (Brian's Role)

ブライアン　アメリカと比べると日本の離職率は低いって聞いたんだけど。それ本当？

ユキ　うん。近頃は以前より転職する若い人たちが多い傾向だけど、まだこの国ほどその割合は高くないよ。

ブライアン　それって日本人の国民性と関係あると思う？

ユキ　そうだろうね。いったん就職したら多くの人は退職するまでそこで働き続けるんだ。

ブライアン　日本には決まった定年年齢ってあるの？

ユキ　うん。会社員はふつう65歳で定年だよ。

ブライアン　悪くないね。ほら、アメリカでは多くの人が突然解雇されることがあるから。

ユキ　あら、それは気の毒だね。

ブライアン　うん。

ユキ　でも私は人生にワクワク感が必要なタイプの人間だから、同じ会社であまり長く働きたくはないかな。

ブライアン　僕もだよ。

ユキ　私たちの人生がエキサイティングなことでいっぱいだといいね。

ブライアン　もし2人とも脚本家になれたら、絶対それは現実になるだろうね。じゃユキ、まずは課題を仕上げるっていうのはどう？　明日締切だよ。

ユキ　ああ、完全に忘れてた！

13.1 compared to 〜 ·····································

〈compared to 〜〉は「〜と比べると」という意味を持つ表現です。これは前置詞と同じようなはたらきをするので、本来、後ろには名詞や名詞句しか来ることができませんが、compared to before（以前と比べて）や compared to three years ago（3年前と比べて）など、慣用的に副詞や副詞句も使われることに気をつけてください。

TVs now are rather thin <u>compared to</u> the ones produced 40 years ago.
40年前に製造されたものと比べると今のテレビはかなり薄い。

〈compared to 〜〉は、文頭で使うこともできます。

<u>Compared to</u> the ones produced 40 years ago, TVs now are rather thin.

Two-Step Drill 🔁 🔁

聞こえてくる文に、続いて聞こえてくるフレーズを加え、〈compared to 〜〉を使った文を作りましょう。

Track No. Drill 13.1

1) Internet connection is more reliable. (20 years ago)
インターネット接続はより信頼性が高い。
➡ Internet connection is more reliable compared to 20 years ago. (reverse)
20年前と比べてインターネット接続はより信頼性が高い。
➡ Compared to 20 years ago, Internet connection is more reliable.

2） Summer wasn't so hot when I was little. (now)

私が小さいころ夏はそれほど暑くなかった。

→ Summer wasn't so hot when I was little compared to now. (reverse)

今と比べて私が小さいころ夏はそれほど暑くなかった。

→ Compared to now, summar wasn't so hot when I was little.

3） This mountain is rather high. (the one I climbed last month)

この山はかなり高い。

→ This mountain is rather high compared to the one I climbed last month. (reverse)

先月登ったものと比べるとこの山はかなり高い。

→ Compared to the one I climbed last month, this mountain is rather high.

4） The new train model has wider windows. (the current one)

その電車の新しいモデルにはより広い窓がついている。

→ The new train model has wider windows compared to the current one. (reverse)

現行のものと比べてその電車の新しいモデルにはより広い窓がついている。

→ Compared to the current one, the new train model has wider windows.

5） Rocks are larger in the upper part of a river. (the lower part)

川上では岩がより大きい。

→ Rocks are larger in the upper part of a river compared to the lower part. (reverse)

川下と比べると川上では岩がより大きい。

→ Compared to the lower part, rocks are larger in the upper part of a river.

13.2 at the age of 年齢 ···

「〜歳のときに」と言いたい場合は〈at the age of 年齢〉を使います。

My older sister got married <u>at the age of 26</u>.
私の姉は 26 歳のときに結婚した。

かたまりの状態で口からスムーズに出てくるよう練習しましょう。

One-Step Drill 🔁

聞こえてくる文を〈at the age of 年齢〉を使った文に言い換えましょう。

((• Track No.
 Drill 13.2 •))

1） I graduated from my university when I was 24. (at the age of)
　　私は 24 歳のときに大学を卒業しました。
　　➡　I graduated from my university at the age of 24.

2） My mother started up her business when she was 57. (at the age of)
　　私の母は 57 歳のときに起業した。
　　➡　My mother started up her business at the age of 57.

3） The actor is a late bloomer who got his big break when he was 50. (at the age of)
　　その俳優は遅咲きで 50 歳で大ブレイクを果たした。
　　➡　The actor is a late bloomer who got his big break at the age of 50.

4） Mozart started composing music when he was five. (at the age of)
　　モーツァルトは 5 歳のときに作曲を始めた。
　　➡　Mozart started composing music at the age of five.

5） He became a grandfather when he was 45 years old. (at the age of)
　　彼は 45 歳のときにおじいさんになった（孫ができた）。
　　➡　He became a grandfather at the age of 45.

13.3　be subject to + 名詞 ···

〈be subject to + 名詞〉は「〜の影響を受けやすい」という意味のフレーズ
で、通常好ましくないことを述べる際に使われます。ここでの to は前置詞です。

「〜の影響を受けやすい」の意味の類似表現として、〈be vulnerable to + 名
詞〉と〈be susceptible to + 名詞〉があります。vulnerable と susceptible はほ
ぼ同義ですが、vulnerable は「(攻撃などの)相手からの働きかけに対して弱い」
というニュアンスを持ちます。

> The homes along the river are vulnerable to flooding.
> その川沿いの家は洪水の影響を受けやすい。
> ➡　The homes along the river are subject to flooding.

〈be susceptible to + 名詞〉は、通常「(病気などの)影響を受けやすい」ことを
述べる際に使われます。

> Small kids are susceptible to illnesses.
> 小さい子どもは病気になりやすい。
> ➡　Small kids are subject to illnesses.

〈be subject to + 名詞〉は「〜の可能性がある」という意味でもよく使われま
す。この意味の場合は、may と一緒に使われることもあります。

> The prices may be subject to change without notice.
> 価格は予告なしに変更する可能性がある。

この場合は、〈may possibly + 動詞の原形〉と同様の意味になります。

> The prices may possibly change without notice.
> もしかすると価格は予告なしに変更するかもしれない。

One-Step Drill 🎧

聞こえてくる文を、〈be subject to ～〉を使った文に言い換えましょう。「～の可能性がある」という意味の場合は、〈may be subject to ～〉とします。

🔊 Track No.
Drill 13.3

1）Old PCs are vulnerable to cyber attacks. (subject)
古いパソコンはサイバー攻撃を受けやすい。
➡ Old PCs are subject to cyber attacks.

2）People who suffer from stress are more susceptible to colds. (subject)
ストレスが多い人は風邪を引きやすい。
➡ People who suffer from stress are more subject to colds.

3）Governments that have been in power for a long time are susceptible to corruption.（subject）
長期に渡って権力を握ってきた政権は腐敗しやすい。
➡ Governments that have been in power for a long time are subject to corruption.

4）Shipments to remote areas may possibly be delayed. (subject)
もしかすると遠隔地への荷物は遅延するかもしれない。
➡ Shipments to remote areas may be subject to delay.
遠隔地への荷物は遅延の可能性があるかもしれない。
※delay は動詞としても名詞としても使われます。

5）Some items on the menu may possibly change. (subject)
もしかするとメニューの一部が変更になるかもしれない。
➡ Some items on the menu may be subject to change.
メニューの一部が変更になる可能性があるかもしれない。

13.4　a sense of 〜 ··

〈a sense of 〜〉は「〜感」という意味でよく使われる表現です。

a sense of guilt	罪悪感
a sense of excitement	ワクワク感
a sense of accomplishment [fulfillment]	達成感
a sense of frustration	不満感
a sense of justice	正義感
a sense of alienation	疎外感
a sense of duty [obligation]	義務感
a sense of fear	恐怖感

One-Step Drill ⤵

聞こえてくる文を、〈a sense of 〜〉を使った文に言い換えましょう。

((Track No.))
Drill 13.4

1)　A feeling of excitement swept over me. (sense)
　　ワクワク感が私を包んだ。
　　➡　A sense of excitement swept over me.

2)　I suffered from a feeling of guilt after eating a whole bar of chocolate. (sense)
　　板チョコを 1 枚すべて食べたあと、私は罪悪感に苛まれた。
　　➡　I suffered from a sense of guilt after eating a whole bar of chocolate.

3)　He had a feeling of frustration when he heard about the pay cut. (sense)
　　彼は賃金カットのニュースを聞いて不満感を抱いた。
　　➡　He had a sense of frustration when he heard about the pay cut.

4) The strange sound I heard late at night caused a feeling of fear in me. (sense)

深夜に聞いたその奇妙な音は私の中に恐怖感を引き起こした。

➡ The strange sound I heard late at night caused a sense of fear in me.

5) The participants in the career development program gained a feeling of accomplishment after completing the course. (sense)

そのキャリア開発プログラムの参加者たちはコースを終えた後達成感を得た。

➡ The participants in the career development program gained a sense of accomplishment after completing the course.

13.5 would rather + 動詞の原形 ....

〈would rather + 動詞の原形〉は「どちらかというと〜したい」という表現で、しばしばあとに〈than 〜〉を用い、比較する対象を表します。

I'd rather stay home than go out.
どちらかというと外出するより家にいたい。

〈than 〜〉を伴わずに使うことも一般的です。

I'd rather stay home.
どちらかというと家にいたい。

否定形は〈would rather not + 動詞の原形〉です。

Three-Step Drill ⮌ ⮌ ⮌

聞こえてくる文を、〈would rather + 動詞の原形〉を使った文に言い換えましょう。そのあと、than 以下を除いた文を作り、さらにそれを否定文にしましょう。

((Track No.
Drill 13.5))

1） I'd prefer to work in the morning rather than at night. (would rather)
夜よりも朝に働きたい。
- ➡ I'd rather work in the morning than at night. (omit)
- ➡ I'd rather work in the morning. (negative)
  どちらかというと朝に働きたい。
- ➡ I'd rather not work in the morning.
  どちらかというと朝に働きたくない。
  ※このように〈prefer A to B〉ではなく〈prefer A rather than B〉という形が使われることもあります。

2） I'd prefer to take face-to-face lessons rather than online lessons. (would rather)
オンライン授業より対面授業を受けたい。
- ➡ I'd rather take face-to-face lessons than online lessons. (omit)
- ➡ I'd rather take face-to-face lessons. (negative)
  どちらかというと対面授業を受けたい。
- ➡ I'd rather not take face-to-face lessons.
  どちらかというと対面授業は受けたくない。

3） I'd prefer to have sandwiches rather than pasta for lunch. (would rather)
ランチにはパスタよりサンドイッチの方が食べたい。
- ➡ I'd rather have sandwiches than pasta for lunch. (omit)
- ➡ I'd rather have sandwiches for lunch. (negative)
  どちらかというとランチにはサンドイッチが食べたい。
- ➡ I'd rather not have sandwiches for lunch.
  どちらかというとランチにはサンドイッチを食べたくない。

4) I'd prefer to drive rather than sit in the passenger seat. (would rather)
助手席に乗るより運転したい。

➡ I'd rather drive than sit in the passenger seat. (omit)

➡ I'd rather drive. (negative)
どちらかというと運転したい。

➡ I'd rather not drive.
どちらかというと運転したくない。

5) I'd prefer to fly rather than take the bullet train. (would rather)
新幹線より飛行機に乗りたい。

➡ I'd rather fly than take the bullet train. (omit)

➡ I'd rather fly. (negative)
どちらかというと飛行機に乗りたい。

➡ I'd rather not fly.
どちらかというと飛行機には乗りたくない。

Unit 14
I'm having trouble downloading the audio file
（音声ファイルをダウンロードするのに手こずっているんだ）

ユキがコンピュータの画面を見ながらなにやら困った様子です。
ブライアンが話しかけます。

Brian   Are you OK there?

Yuki   No, I'*m having trouble downloading* the audio file. I started it 10 minutes ago, but my computer seems to <u>be frozen</u>.[※1]

Brian   Let me check. I guess it's because the data is big. Just wait a while and see.

Yuki   OK. I was wondering if my computer had crashed.

Brian   No, downloading huge files *takes time*.

Yuki   I see. But *how much longer* do I have to wait?

Brian   I don't know. Are you in a hurry?

Yuki   No, but I just don't want to wait <u>forever</u>.[※2]

Brian   What kind of file is it?

Yuki   It's the one for my research project. Hey, do you have time now? *If you don't mind*, could you answer the survey for my research?

Brian   What's it about?

Yuki   It's about trends in the movie industry. These days I'm kind of into the marketing side of movies.

Brian   Mmm ... sounds interesting. OK, I'll answer it.

Yuki   *Man, am I relieved!* It's hard to find enough respondents. So please read this QR code and access the survey. It won't take more than three minutes.

Brian   All righty!

※1 　「フリーズする」という意味の表現です。
※2 　本来は「永遠に」という意味の単語ですが、比喩的に「とても長い時間」を表すこともあります。

((Track No.
Dialog 14.1)) Listening

((Track No.
Dialog 14.3)) Role Playing (Yuki's Role)

((Track No.
Dialog 14.2)) Repeating

((Track No.
Dialog 14.4)) Role Playing (Brian's Role)

ブライアン　大丈夫？

ユキ　いや、音声ファイルをダウンロードするのに手こずっているんだ。10分前に始めたんだけど、コンピュータが固まっちゃったみたい。

ブライアン　ちょっと見せてみて。データが大きいからだと思うよ。ちょっと待って様子を見てみて。

ユキ　オッケー。コンピュータがクラッシュしたかと思ってたんだ。

ブライアン　いや、すごく大きなファイルをダウンロードするのは時間がかかるんだ。

ユキ　そっか。でもあとどれだけ待たないといけないの？

ブライアン　わからない。急いでるの？

ユキ　ううん、でもすごく長くは待ちたくないだけ。

ブライアン　どんなファイルなの？

ユキ　私のリサーチプロジェクトのためのファイルなんだ。そうだ。今時間ある？　もしよかったら、私のリサーチのためのアンケートに答えてくれない？

ブライアン　何についてのものなの？

ユキ　映画産業のトレンドについて。最近は映画のマーケティングの側面にちょっと興味があるんだ。

ブライアン　うーん、おもしろそうだね。オッケー。回答するよ。

ユキ　ああ、ほっとした。十分な回答者を見つけるのは大変なんだ。じゃこの QR コードを読み取ってアンケートにアクセスしてね。3 分もかからないよ。

ブライアン　了解！

14.1　be having trouble with ～ / ～ing ························

〈be having trouble with ～〉は「～に困っている、手こずっている」、〈be having trouble ～ing〉は「～するのに困っている、手こずっている」という意味のフレーズです。

I'm having trouble with stomach pains.
私は腹痛で困っている。

I'm having trouble finding a parking space.
私は駐車スペースを見つけるのに手こずっている。

Consecutive Drill

Key Sentence に語句を代入しましょう。続いて聞こえてくるのが名詞の場合は〈be having trouble with ～〉の形に、動詞の場合は〈be having trouble ～ing〉の形にします。

Track No. Drill 14.1

Key Sentence:
I'm having trouble choosing my clothes. (jet lag)
私は服を選ぶのに手こずっている。

1) I'm having trouble with jet lag. (unload my baggage from the trunk)
   時差ボケで困っている。

2) I'm having trouble unloading my baggage from the trunk. (chronic backache)
   トランクから荷物を降ろすのに手こずっている。

3) I'm having trouble with chronic backache. (Internet access)
   慢性の腰痛で困っている。

4) I'm having trouble with Internet access. (find a parking space)
   インターネットのアクセスに手こずっている。

5) I'm having trouble finding a parking space.
   私は駐車スペースを見つけるのに手こずっている。

14.2 take time ···

〈take time〉は「**時間がかかる**」という意味の表現です。〈take a lot of time〉や〈take a long time〉という場合もありますが、〈take time〉だけでも「（たくさん）時間がかかる」ことを含意します。

> Improving one's English speaking ability <u>takes time</u>.
> 英語のスピーキング力を改善するには時間がかかる。

5.3 で学んだ〈**It takes** + **時間** + **to do**〉の形を使うこともできます。

> <u>It takes</u> time <u>to</u> improve one's English speaking ability.

One-Step Drill ⤷

聞こえてくる文を、動名詞を主語とする文に言い換えましょう。

Track No.
Drill 14.2

1） It takes time to master a new language. (change)
新しい言語をマスターするのは時間がかかる。
 ➡ Mastering a new language takes time.

2） It'll take time to get the hang of it. (change)
コツをつかむのに時間はかかるだろう。
 ➡ Getting the hang of it will take time.

3） It takes time to prepare the barbecue. (change)
バーベキューの準備をするのは時間がかかる。
 ➡ Preparing the barbecue takes time.

4） It took time to understand the math formula. (change)
その数式を理解するのは時間がかかった。
 ➡ Understanding the math formula took time.

5) It takes time to find the right life partner. (change)
生涯のパートナーにふさわしい人を見つけるのには時間がかかる。
→ Finding the right life partner takes time.

14.3 how much + 比較級 ·····································

「初級」7.2.5で学んだ〈how + 形容詞／副詞〉を使って、「**あとどれだけ?**」と「**差**」をたずねたいときは、〈**how much + 比較級**〉にします。

> My wife is very young.
> 私の妻はとても若い。
> How much younger is she? / How much older are you?
> 彼女は(あなたより)いくつ年下ですか?／あなたは(彼女より)いくつ年上ですか?

> I've switched to a plan with unlimited calls.
> 電話かけ放題プランに乗り換えたんだ。
> How much cheaper is your phone bill?
> 電話料金はどれくらい安くなるの?
> ※「データ無制限プラン」なら a plan with unlimited data となります。

One-Step Drill ↻

聞こえてくる疑問文を〈how much + 比較級〉に言い換えましょう。

Track No.
Drill 14.3

1) How long do I have to wait? (How much)
どれくらいのあいだ私は待たなければなりませんか?
→ How much longer do I have to wait?
あとどれくらいのあいだ私は待たなければなりませんか?

2） How far is it from here to the station? (How much)
　　 ここからその駅までどれくらいの距離がありますか？
　　　➡　 How much farther is it from here to the station?
　　　　　 ここからその駅まであとどれくらいの距離がありますか？

3） How fast is the Internet on 5G? (How much)
　　 5G だとどのくらいインターネットは速いですか？
　　　➡　 How much faster is the Internet on 5G?
　　　　　 5G だとインターネットのスピードはどのくらい速くなりますか？

4） How late will the plane arrive? (How much)
　　 飛行機はどれくらい遅れて到着しますか？
　　　➡　 How much later will the plane arrive?
　　　　　 飛行機はあとどれくらい遅れて到着しますか？

5） How long are you going to stay in Barcelona? (How much)
　　 バルセロナにはどれくらいのあいだ滞在するつもりですか？
　　　➡　 How much longer are you going to stay in Barcelona?
　　　　　 バルセロナにはあとどれだけのあいだ滞在するつもりですか？

14.4 If you don't mind

　提案や依頼をする際、〈If you don't mind〉を加えると、**相手の気持ちを尊重した丁寧な言い回し**になります。「**もしよかったら**」とか「**嫌でなければ**」という意味の表現です。

　　 If you don't mind, can you give me a ride?
　　 もしよかったら、車に乗せてもらえますか？

　　 If you don't mind, could you look after my plants while I'm away?
　　 もしよかったら、私の留守中に植物の世話をしてくれませんか？

One-Step Drill

聞こえてくる文の文頭に〈If you don't mind〉を加え、相手の気持ちを尊重した文にしましょう。

Track No.
Drill 14.4

1）Can you help me with my report? (If)
レポートを手伝ってくれますか？
　➡ If you don't mind, can you help me with my report?
　　もしよかったら、レポートを手伝ってくれますか？

2）How about using my charger? (If)
私の充電器を使ったらどうですか？
　➡ If you don't mind, how about using my charger?
　　もしよかったら、私の充電器を使ったらどうですか？

3）You can stay over at my house. (If)
私の家に泊まっていっていいですよ。
　➡ If you don't mind, you can stay over at my house.
　　もしよかったら、私の家に泊まっていっていいですよ。

4）Why don't we order the chef's choice? (If)
シェフのお任せにしませんか？
　➡ If you don't mind, why don't we order the chef's choice?
　　もしよかったら、シェフのお任せにしませんか？

5）Could we post these pictures on our website? (If)
これらの写真を私たちのホームページに載せてもいいでしょうか？
　➡ If you don't mind, could we post these pictures on our website?
　　もし差し支えなければ、これらの写真を私たちのホームページに載せてもいいでしょうか？

14.5　感嘆疑問文 ···

感嘆疑問文とは、〈Yes/No 疑問文〉の形に、疑問符ではなく感嘆符をつけたもので、イントネーションは文末を下げます。

Am I hungry!　ああ、おなかがすいた！

これは S と V（または助動詞）の位置を入れ替えた「倒置」で、感情の高まりを表します（一般疑問文も、この倒置の一種です。「たずねてみたい」という心の動きを表しています）。

感嘆疑問文は、しばしば**間投詞の Man** と一緒に使われます。

Man, am I hungry!

One-Step Drill

聞こえてくる 1 文目はそのまま、2 文目は感嘆疑問文にして言いましょう。Man で始めましょう。

Track No.
Drill 14.5

1） I've been really looking forward to this concert. I'm excited. (change)
　このコンサートを本当にずっととても楽しみにしていたんだ。ワクワクするよ。

➡ I've been really looking forward to this concert. Man, am I excited!
このコンサートを本当にずっととても楽しみにしていたんだ。ああ、ワクワクする！

2) I pulled an all-nighter preparing for my presentation. I'm sleepy.
(change)
徹夜でプレゼンの準備をしたんだ。眠い。

➡ I pulled an all-nighter preparing for my presentation. Man, am I
sleepy!
徹夜でプレゼンの準備をしたんだ。ああ、眠い！

3) He'll treat me to a steak dinner tonight. I'm looking forward to that.
(change)
彼が今晩私にステーキのディナーをおごってくれるんだ。楽しみだな。

➡ He'll treat me to a steak dinner tonight. Man, am I looking
forward to that!
彼が今晩私にステーキのディナーをごちそうしてくれるんだ。ああ、
楽しみだなあ！

4) Are you going to have seconds? You have a big appetite. (change)
おかわりするの？　食欲旺盛だね。

➡ Are you going to have seconds? Man, do you have a big appetite!
おかわりするの？　ああ、なんて食欲旺盛なんだ！

5) She's always fashionably dressed. She looks amazing. (change)
彼女はいつもおしゃれな服装をしている。素敵だね。

➡ She's always fashionably dressed. Man, does she look amazing!
彼女はいつもおしゃれな服装をしている。ああ、なんて素敵なんだ！

Unit 15
I was wondering if you could help me
（助けてくれるとありがたいんだけど）

ユキが大学の廊下を歩いています。ブライアンを見つけて話しかけます。

Yuki *Looks like* it's going to rain.

Brian Yeah, um ... Yuki. *I was wondering if you could* help me ... if you don't mind ...

Yuki Come on. Out with it!^{※1} We're friends, right?

Brian Yeah ... well ... Could you call ... Anik?

Yuki You mean, Anik, the sci-fi guy?

Brian Yeah, that Anik. Actually, we had a big quarrel three days ago. Now I'm thinking I went too far, so I want to say sorry to him. But he hasn't answered my calls since then.

Yuki What did you have a quarrel about?

Brian About *Star Trail*. He insisted *Star Trail II* was much better than *Star Trail III* and I couldn't believe he said that.

Yuki *No offense, bu*t I'm with Anik on that.^{※2}

Brian I still prefer *Star Trail III* but I shouldn't have used strong words.

Yuki So do you want me to tell him that you're sorry?

Brian Could you? We're planning to go to the big Comic-Con together this month.

Yuki But this *has nothing to do with* me. You should call him yourself *in a few days*. I'm sure he'll have forgiven you by then.

Brian Maybe you're right. I'll wait for a few days. Sorry about that, Yuki.

Yuki No problem. Good luck!

※1 「遠慮せずに言って」という意味の表現です。
※2 「アニクの味方で」という意味の表現です。on the side of Anik と言うこともできます。

Track No. Dialog 15.1 Listening

Track No. Dialog 15.3 Role Playing (Brian's Role)

Track No. Dialog 15.2 Repeating

Track No. Dialog 15.4 Role Playing (Yuki's Role)

ユキ　雨が降りそうだね。

ブライアン　そうだね…あの…ユキ。助けてくれるとありがたいんだけど。嫌でなければ。

ユキ　どうぞ。遠慮せずに言って！　友達でしょ？

ブライアン　ああ…えっと…電話してくれないかな？　アニクに。

ユキ　あのアニク？　SF好きの？

ブライアン　そう。あのアニク。実は3日前に大げんかをしたんだ。今は言い過ぎたと思ってるから謝りたいんだ。でもそれ以来電話に出てくれなくてさ。

ユキ　何のことでけんかしたの？

ブライアン　『スター・トレイル』のことでなんだ。アニクが『スター・トレイルⅡ』が『スター・トレイルⅢ』よりずっといいって言い張ったんだ。そんなことを言うなんて信じられなくて。

ユキ　気を悪くしないでね、でも私もアニクの味方だわ。

ブライアン　まだ『スター・トレイルⅢ』の方が好きだけど、あんなに強い言葉を使うべきじゃなかったよ。

ユキ　それであなたがすまなく思ってるって私から彼に伝えてほしいってこと？

ブライアン　お願いできる？　今月一緒にコミコンに行く予定にしてるんだ。

ユキ　でも私はこの件と何の関係もないでしょ。2～3日後に自分でもう一度電話をするべきだよ。その頃までには許してくれてるって。

ブライアン　たぶん君が正しいね。2～3日待つよ。ごめんね、ユキ。

ユキ　問題ないよ。がんばってね。

15.1 It looks like SV / Looks like SV ··············

〈It looks like SV〉は「S が V のようだ」という意味の表現です。

> It looks like it's going to snow.
> 雪が降りそうだ。

口語では**主語の It はしばしば省略**されます。

> Looks like it's going to snow.

Two-Step Drill ⤵ ⤵

聞こえてくる文の文頭に〈It looks like〉を加えて言いましょう。さらに、「omit」と聞こえたら、It を省略して言いましょう。

Track No. Drill 15.1

1) There is going to be a thunderstorm. (It looks like)
   激しい雷雨が来るだろう。
   ➡ It looks like there is going to be a thunderstorm. (omit)
     激しい雷雨が来そうだ。
   ➡ Looks like there is going to be a thunderstorm.

2) The man over there is the store manager. (It looks like)
   あそこの男性が店長だ。
   ➡ It looks like the man over there is the store manager. (omit)
     あそこの男性が店長のようだ。
   ➡ Looks like the man over there is the store manager.

3) She's ignoring me. (It looks like)
   彼女は私のことを無視している。
   ➡ It looks like she's ignoring me. (omit)
     彼女は私のことを無視しているようだ。

> ➡ Looks like she's ignoring me.

4）The flight has been delayed by a couple of hours. (It looks like)

フライトは 2〜3 時間遅れている。

> ➡ It looks like the flight has been delayed by a couple of hours. (omit)
>
> フライトは 2〜3 時間遅れているようだ。

> ➡ Looks like the flight has been delayed by a couple of hours.
>
> ※a couple of は厳密には two の意味ですが、日常会話ではしばしば「2〜3 の」の意味で使われます。

5）A new variant of the virus is spreading. (It looks like)

そのウイルスの新しい変異株が広がっている。

> ➡ It looks like a new variant of the virus is spreading. (omit)
>
> そのウイルスの新しい変異株が広がっているようだ。

> ➡ Looks like a new variant of the virus is spreading.

15.2　I was wondering if SV

〈I was wondering if SV〉は「S が V したらありがたいのですが」と、丁寧に依頼をするときに使う表現です。V にはふつう**助動詞 could** が使われます。

> I was wondering if you could help me with my thesis.
> 論文を書くのを手伝ってもらえたらありがたいのですが。

One-Step Drill

聞こえてくる文を〈I was wondering if SV〉を使った文に言い換えましょう。

Track No.
Drill 15.2

1）Could you cover my shift tonight? (wonder)

今晩私のシフトを代わってもらえますか？

➡　I was wondering if you could cover my shift tonight.
　　今晩私のシフトを代わってもらえたらありがたいのですが。

2）Could we share a taxi to the airport? (wonder)
　　空港までタクシーを相乗りできませんか？

➡　I was wondering if we could share a taxi to the airport.
　　空港までタクシーを相乗りできたらありがたいのですが。

3）Could you hand out these flyers? (wonder)
　　これらのチラシを配布してもらえますか？

➡　I was wondering if you could hand out these flyers.
　　これらのチラシを配布してもらえたらありがたいのですが。

4）Could you put in a good word for me? (wonder)
　　お口添えいただけますか？

➡　I was wondering if you could put in a good word for me.
　　お口添えいただけたらありがたいのですが。

5）Could you cc me on all emails related to this issue? (wonder)
　　この件に関するすべてのメールを CC してもらえますか？

➡　I was wondering if you could cc me on all emails related to this issue.
　　この件に関するすべてのメールを CC してくれたらありがたいのですが。

15.3　No offense, but

〈No offense, but〉は、「気を悪くしないでもらいたいのですが」という意味のフレーズです。自分の発言が、相手の機嫌を損ねたり相手を傷つけたりする可能性があるときに使います。続いて個人的な意見や好みが述べられることを示唆します。

Why don't we get the wall of our new home painted pink? I love pink.
私たちの新居の壁をピンクに塗ってもらわない？　ピンク大好き。

<u>No offense, but</u> I think it's a terrible idea.

気を悪くしないでもらいたいのだけど、それはひどいアイデアだと思うよ。

One-Step Drill 🪝

聞こえてくる文に対して、さらに聞こえてくる文で応答しましょう。その際、文頭に〈No offense, but〉を加えましょう。

(Track No.)
(Drill 15.3)

1）　Would you like a ticket for my piano concert? (I'm not interested in classical music.)

私のピアノ・コンサートのチケットを1枚いかがですか？

➡　No offense, but I'm not interested in classical music.

気を悪くしないでもらいたいのですが、クラシックには興味がないのです。

2）　How do I look in this shirt? (That color doesn't really suit you.)

このシャツどう？

➡　No offense, but that color doesn't really suit you.

気を悪くしないでほしいのだけど、その色はあまり似合わないよ。

3）　This curry is going to be on our menu. (I don't think you should put it on the menu.)

このカレー、うちのメニューに載せるんだ。

➡　No offense, but I don't think you should put it on the menu.

気を悪くしないでほしいのだけど、メニューに載せるべきではないと思うよ。

4）　I have a crush on Justin. (What do you see in him?)

ジャスティンのことが気になっているの。

➡　No offense, but what do you see in him?

気を悪くしないでほしいのだけど、彼のどこがいいの？

5）　I'm going to make a killing on a horse race to pay off my debts. (Don't you think it would be better to get a decent job?)
競馬で一山当てて借金を返すつもりなんだ。

➡　No offense, but don't you think it would be better to get a decent job?
気を悪くしないでもらいたいのだけど、まともな仕事に就いた方がいいと思わない？

15.4　have something to do with 〜 ·····························

〈have something to do with 〜〉は「**〜と関係がある**」という意味のフレーズです。

Many cultures have taboos around food, and they usually <u>have something to do with</u> religious beliefs.
多くの文化に食のタブーがあり、それらはふつう宗教的信条と関係がある。

他にもさまざまなバリエーションがあります。

● have nothing to do with 〜 / don't have anything to do with 〜
〜と何も関係がない

Language learning <u>has nothing to do with</u> being a genius.
語学は天才であることとは何の関係もない。

➡　Language learning <u>doesn't have anything to do with</u> being a genius.

● have much to do with 〜 / have a lot to do with 〜 / have everything to do with 〜
〜と大いに関係がある

The theme <u>has much [a lot / everything] to do with</u> our research.
そのテーマは私たちの研究と大いに関係がある。

● have little to do with 〜
　〜とほとんど関係がない

His speech <u>had little to do with</u> its title.
彼のスピーチはそのタイトルとほとんど関係がなかった。

Two-Step Drill 🔃 🔃

　聞こえてくる文を言い換えましょう。その際、something を続いて聞こえてくる語に代えます。「anything」と聞こえたときは、否定文にしましょう。

(Track No. Drill 15.4)

1） Success has something to do with timing. (much)
　　成功はタイミングと関係がある。
　➡　Success has much to do with timing. (a lot)
　　　成功はタイミングと大いに関係がある。
　➡　Success has a lot to do with timing.

2） Professor Lee's specialty has something to do with my field of study. (nothing)
　　リー教授の専門分野は私の研究分野と関係がある。
　➡　Professor Lee's specialty has nothing to do with my field of study. (anything)
　　　リー教授の専門分野は私の研究分野と何の関係もない。
　➡　Professor Lee's specialty doesn't have anything to do with my field of study.

3） His resignation has something to do with the scandal. (a lot)
彼の辞職はそのスキャンダルに関係がある。

➡ His resignation has a lot to do with the scandal. (everything)
彼の辞職はそのスキャンダルと大いに関係がある。

➡ His resignation has everything to do with the scandal.

4） Your health problems have something to do with your diet. (everything)
あなたの健康上の問題はあなたの食事と関係がある。

➡ Your health problems have everything to do with your diet. (much)
あなたの健康上の問題はあなたの食事と大いに関係がある。

➡ Your health problems have much to do with your diet.

5） The computer trouble had something to do with last night's blackout. (nothing)
そのコンピュータのトラブルは昨晩の停電と関係があった。

➡ The computer trouble had nothing to do with last night's blackout. (anything)
そのコンピュータのトラブルは昨晩の停電とは何の関係もなかった。

➡ The computer trouble didn't have anything to do with last night's blackout.

15.5　in / within ··

in は、未来のことを述べる文の中で、「(今から)〜後に」という意味を持つことがあります。

> I'll be back <u>in</u> a few weeks.
> 数週間後に戻ります。

「〜以内に」という意味を持つ前置詞は within です。

> I'll be back <u>within</u> a few weeks.
> 数週間以内に戻ります。

Two-Step Drill ⤵ ⤵

聞こえてくる文の文末に〈in ＋ 名詞〉を加え「〜後に」という意味を持つ文を作りましょう。さらに〈within ＋ 名詞〉に変え「〜以内に」という意味を持つ文にしましょう。

((• Track No.
Drill 15.5 •))

1) Customer service will contact you. (in a few days)
　カスタマーサービスがあなたに連絡をするでしょう。
　➡ Customer service will contact you in a few days. (within)
　　カスタマーサービスが数日後にあなたに連絡をするでしょう。
　➡ Customer service will contact you within a few days.
　　カスタマーサービスが数日以内にあなたに連絡をするでしょう。

2) I'm going to leave my job. (in six months)
　私は仕事を辞めるつもりだ。
　➡ I'm going to leave my job in six months. (within)
　　私は半年後に仕事を辞めるつもりだ。

➡ I'm going to leave my job within six months.
私は半年以内に仕事を辞めるつもりだ。

3) She'll move to this city. (in the next couple of months)
彼女はこの町に引っ越してくるだろう。

➡ She'll move to this city in the next couple of months. (within)
彼女は 2~3 か月後にこの町に引っ越してくるだろう。

➡ She'll move to this city within the next couple of months.
彼女 2~3 か月以内にこの町に引っ越してくるだろう。

4) You must have your blood tested again. (in two weeks)
あなたはもう一度血液検査を受けなければならない。

➡ You must have your blood tested again in two weeks. (within)
あなたは 2 週間後にもう一度血液検査を受けなければならない。

➡ You must have your blood tested again within two weeks.
あなたは 2 週間以内にもう一度血液検査を受けなければならない。

5) My goal is to pass the bar exam. (in four years)
私の目標は司法試験に合格することだ。

➡ My goal is to pass the bar exam in four years. (within)
私の目標は 4 年後に司法試験に合格することだ。

➡ My goal is to pass the bar exam within four years.
私の目標は 4 年以内に司法試験に合格することだ。

Unit 16
How many more tickets can you buy?
（チケットあと何枚買える？）

アニクと仲直りをし、一緒にコミコンに行ったブライアン。
ユキにそのことを報告します。

Brian   Hi, Yuki! I made up with Anik in the end.

Yuki   That's good to hear. Then can I ask you a favor <u>in return</u>[※1]?

Brian   Sure. What is it?

Yuki   Jane and I will hold a sci-fi event in a month. Can you buy some tickets for that? They're 10 dollars.

Brian   Of course. ***Let me buy*** ... two.

Yuki   Well, thanks. But actually, we need to sell more tickets ...

Brian   How many tickets do you want me to buy?

Yuki   ***How many more tickets*** can you buy?

Brian   Mmm ... maybe five in total?

Yuki   Wow, thanks. It's an outdoor event, but the venue is subject to change ***in case of*** rain.

Brian   I see.

Yuki   Check the event website on the day.

Brian   Will do. I'll <u>keep my fingers crossed</u>[※2] for you, Yuki.

Yuki   Thanks. I***'m looking to*** invite some actors from *Star Trail*. I'll let you know ***once the guest list is fixed***.

Brian   You might have to consider a career as an event planner ...

※1　「お返しに」という意味の表現です。

Track No. Dialog 16.1　Listening

Track No. Dialog 16.3　Role Playing (Yuki's Role)

Track No. Dialog 16.2　Repeating

Track No. Dialog 16.4　Role Playing (Brian's Role)

ブライアン　やあ、ユキ！　ついにアニクと仲直りしたよ。

ユキ　それはよかった。じゃお返しに私のお願い聞いてくれる？

ブライアン　もちろん。お願いって何？

ユキ　ジェーンと私で1か月後にSFイベントを開催するんだ。そのチケット何枚か買ってくれない？　10ドルなんだけど。

ブライアン　もちろん。2枚買わせて。

ユキ　えっと、ありがとう。でも、実はもっとたくさんチケットを売らないといけなくて…。

ブライアン　何枚買ってほしいの？

ユキ　あと何枚買える？

ブライアン　うーん…合わせて5枚くらいかな。

ユキ　わあ、ありがとう。野外のイベントなんだけど、雨天の場合は会場が変更になる可能性があるよ。

ブライアン　なるほど。

ユキ　当日イベントのホームページをチェックして。

ブライアン　そうするよ。うまくいくといいね、ユキ。

ユキ　ありがとう。『スター・トレイル』の俳優を何人か招待するつもりなの。ゲストが確定したら連絡するね。

ブライアン　ユキはイベントプランナーの仕事に就くことを考えるべきかもね…。

※2　幸運を祈る際、人差し指と中指を交差させるジェスチャーをすることから「成功を祈っている」という意味を持ちます。

16.1 Let me + 動詞の原形 ······························

〈Let me + 動詞の原形〉は「～させてください」と申し出る際に使う表現です。直訳すると「私が～することを許してください」という意味になり、命令形ながらも丁寧な表現です。

Let me introduce you to my colleague George.
あなたを私の同僚のジョージに紹介させてください。

Let me get you some coffee.
コーヒーをお持ちします。

One-Step Drill

聞こえてくる文を〈Let me + 動詞の原形〉を使った文に言い換えましょう。

Track No. Drill 16.1

1) Would you like me to get you a cup of tea? (Let)
   お茶をお待ちしましょうか？
   ➡ Let me get you a cup of tea.
      お茶をお持ちします。

2) Would you like me to take your coat? (Let)
   コートを預かりましょうか？
   ➡ Let me take your coat.
      コートを預からせてください。

3) Would you like me to help you with the cooking? (Let)
   料理をするのを手伝いましょうか？
   ➡ Let me help you with the cooking.
      料理をするのを手伝わせてください。

4) Would you like me to take your picture? (Let)
   写真をお撮りしましょうか？

➡　Let me take your picture.
　　　写真をお撮りしますよ。

5）Would you like me to arrange the meeting? (Let)
　　会議を調整しましょうか？

➡　Let me arrange the meeting.
　　　会議を調整させてください。

16.2　how much more 名詞 / how many more 名詞 ⋯

　数をたずねるときは〈how many ＋ 可算名詞〉、量をたずねるときは〈how much ＋ 不可算名詞〉を使いますが（「初級」7.2.6 参照）、これを応用して「あとどれだけ？」と「**数の差**」や「**量の差**」をたずねるときには〈**how many more ＋ 名詞**〉〈**how much more ＋ 名詞**〉にします。

　　　How many days would you like to stay?
　　　何日滞在したいですか？
　　　How many more days would you like to stay?
　　　あと何日滞在したいですか？

　　　How much time do we have until the deadline?
　　　締切までどれだけ時間があるのだろう。
　　　How much more time do we have until the deadline?
　　　締切まであとどれだけ時間があるのだろう。

One-Step Drill

　聞こえてくる疑問文を〈how many more ＋ 名詞〉〈how much more ＋ 名詞〉に言い換えましょう。

1) How many bottles of water should we stock? (more)
    私たちは水のボトルを何本ストックしておくべきですか？

    ➡ How many more bottles of water should we stock?
       私たちは水のボトルをあと何本ストックしておくべきですか？

2) How much salt should I add? (more)
    どのくらい塩を入れたらいいですか？

    ➡ How much more salt should I add?
       あとどのくらい塩を入れたらいいですか？

3) How many cups of pudding are there left in the fridge? (more)
    冷蔵庫にいくつプリンが残っていますか？

    ➡ How many more cups of pudding are there left in the fridge?
       冷蔵庫にプリンがあといくつ残っていますか？

4) How many credits do you need to graduate? (more)
    卒業するのに何単位必要ですか？

    ➡ How many more credits do you need to graduate?
       卒業するのにあと何単位必要ですか？

5) How much rain should we expect over the coming week? (more)
    次の週にどのくらいの雨を予想すべきですか？

    ➡ How much more rain should we expect over the coming week?
       次の週にあとどのくらいの雨を予想すべきですか？

16.3 in case of 〜 ···

〈in case of 〜〉は「〜の場合に備えて」という意味の前置詞です。9.4 で学んだ接続詞〈in case SV〉と同様の意味を持ちます。

Bring an umbrella in case of rain.
雨が降る場合に備えて傘を持っていきなさい。

➡ Bring an umbrella in case it rains.

「〜の場合は」という意味で用いられることもあります。

A message will be sent by email <u>in case of</u> cancellation.
中止になる場合はメールでメッセージが送られます。

このドリルでは「〜の場合は」という意味を持つ〈in case of 〜〉を使う練習を
しましょう。

One-Step Drill

聞こえてくる文を〈in case of 〜〉を使った文に言い換えましょう。

Track No.
Drill 16.3

1）We'll let you know by email if the shipment is delayed. (late shipment)
出荷が遅れる場合はメールでお知らせします。
➡ We'll let you know by email in case of late shipment.

2）The staff at our call center will support you if you have trouble.
(trouble)
お困りの場合はコールセンターのスタッフがサポートします。
➡ The staff at our call center will support you in case of trouble.

3）Please use the escape stairway if an emergency occurs. (emergency)
緊急事態が発生した場合には非常階段を使用してください。
➡ Please use the escape stairway in case of emergency.

4）Customers will get a full refund if it's canceled due to unforeseen
circumstances. (cancellation)
予期せぬ事情により中止になった場合、お客様は全額返金してもらえま
す。
➡ Customers will get a full refund in case of cancellation due to
unforeseen circumstances.

5) Please contact our service center if it doesn't function properly. (malfunction)

故障の際はわれわれのサービスセンターへご連絡ください。

　➡　　Please contact our service center in case of malfunction.

16.4　be looking to do ···

〈be looking to do〉は「〜するつもり（予定）だ」という意味を持つ表現です。〈be going to do〉や〈be planning to do〉と同様の意味ですが、通常ポジティブなことに対してのみ使用されます。

We're looking to launch a branch in Thailand next month. （○）
私たちは来月タイに支社を立ち上げるつもりだ。

I'm looking to get that job. （○）
その仕事に就くつもりだ。

I'm going to express my sincere apology to him. （○）
彼に心からお詫びするつもりだ。

I'm looking to express my sincere apology to him. （×）

One-Step Drill 🡢

聞こえてくる文を〈be looking to do〉を使った文に言い換えましょう。

(｜ Track No. ｜)
(｜ Drill 16.4 ｜)

1) I'm planning to put my business back on track within a few months. (look)
数か月以内に会社を再び軌道に乗せる予定だ。

➡　I'm looking to put my business back on track within a few months.

2）She's going to appear in the Paris Collection in the near future. (look)
彼女は近い将来パリコレに出るつもりだ。

➡　She's looking to appear in the Paris Collection in the near future.

3）He's going to be apprenticed to a famous kung fu master. (look)
彼は有名なカンフーの達人に弟子入りするつもりだ。

➡　He's looking to be apprenticed to a famous kung fu master.

4）They're planning to revitalize the town by promoting its regional specialties. (look)
彼らは地域の名産品を広めて町おこしをする予定だ。

➡　They're looking to revitalize the town by promoting its regional specialties.

5）We're going to open a new avenue for English education in Japan. (look)
私たちは日本の英語教育のために新たな道を切り開くつもりだ。

➡　We're looking to open a new avenue for English education in Japan.

16.5　once SV（2）

12.4 やこの Unit のダイアログでは、〈once SV〉は「（一度）〜したら」という意味で使われています。これ以外に〈once SV〉は、「**〜するとすぐ**」というニュアンスを持つことがあり、主節で**命令文**や **can / could you** などの依頼の表現、**you must / you should / you have to / you've got to** などの表現を伴うときに（you've got to については 4.5、命令文については「初級」Unit 12 参照）、as soon as の代わりに使うと、**相手を急かすことなく、事務的に次の手順を伝える**ことができます。もちろん、「ただちに」を強調したい場合は、as soon as を使いますが、相手に余分なプレッシャーを与えてしまいますので、気をつけてください。

<u>As soon as</u> you've arrived at the main entrance, give me a call.

メインエントランスに着いたらすぐ私に電話をして。

➡ <u>Once</u> you've arrived at the main entrance, give me a call.

Two-Step Drill ⤵ ⤵

聞こえてくる文を接続詞の once を使って言い換えましょう。 さらに、「reverse」と聞こえたら、主節と副詞節の順番を入れ替えましょう。

Track No. Drill 16.5

1) As soon as you've returned from your business trip, please contact us. (Once)

出張から戻ったらすぐに連絡してください。

➡ Once you've returned from your business trip, please contact us. (reverse)

➡ Please contact us once you've returned from your business trip.

2) As soon as the meeting is over, could you come back and help me? (Once)

ミーティングが終わったらすぐに戻って手伝ってくれませんか？

➡ Once the meeting is over, could you come back and help me? (reverse)

➡ Could you come back and help me once the meeting is over?

3) As soon as you've received the documents, be sure to let me know. (Once)

書類を受け取ったら必ずすぐに知らせてくれ。

➡ Once you've received the documents, be sure to let me know. (reverse)

➡ Be sure to let me know once you've received the documents.

4）As soon as you've arrived at the cafe, find a table for four. (Once)

カフェに着いたらすぐに4人用のテーブルを見つけておいて。

　➡　Once you've arrived at the cafe, find a table for four. (reverse)

　➡　Find a table for four once you've arrived at the cafe.

5）As soon as you've finished grading the tests, you must report the results to the subject coordinator. (Once)

テストの採点が終わったらすぐに結果を科目のコーディネーターに報告しなければならない。

　➡　Once you've finished grading the tests, you must report the results to the subject coordinator. (reverse)

　➡　You must report the results to the subject coordinator once you've finished grading the tests.

Unit 17
You remind me of my first year here
（ここでの１年目を思い出すなあ）

授業でのプレゼンがうまくいかなかったユキ。
泣き出しそうな顔でブライアンに話しかけます。

Yuki　My presentation was a disaster[※1]!

Brian　It wasn't as bad as that, Yuki.

Yuki　But I couldn't deliver it *the way I wanted to*.

Brian　It's not the end of the world[※2], you know.

Yuki　I really want to get *one more chance*.

Brian　Do you know the reason why you couldn't give a good presentation?

Yuki　Yes, lack of preparation.

Brian　You know, you *remind* me *of* my first year here.

Yuki　Do I?

Brian　Yeah, I really hated giving presentations until I realized that I had to put in enough preparation time.

Yuki　I'll start preparing earlier next time.

Brian　Good. I *make a point of starting* my preparation one month in advance.

Yuki　I'll do that, too. By the way, do you remember the deadline for today's assignment?

Brian　Yeah, Dr. Pitt said it's next Thursday.

Yuki　Ah, could you *remind* me *to* do it next Wednesday?

Brian　Yuki, everything I tell you goes in one ear and out the other.

※１　「災害」という意味の単語ですがここでは「最悪のこと」を表しています。
※２　「世界の終わりってわけではないよ」という意味の表現で、失敗をなぐさめるときなどに使われます。

・・

((● Track No. ●)) Dialog 17.1　**Listening**　　**((● Track No. ●))** Dialog 17.3　**Role Playing** (Brian's Role)

((● Track No. ●)) Dialog 17.2　**Repeating**　　**((● Track No. ●))** Dialog 17.4　**Role Playing** (Yuki's Role)

・・

ユキ　私のプレゼン、もう最悪だった！

ブライアン　それほど悪くなかったよ、ユキ。

ユキ　でも、発表したかったようにできなかったんだ。

ブライアン　世界の終わりってわけじゃないしね。

ユキ　本当にもう一度チャンスがほしい。

ブライアン　いいプレゼンができなかった理由はわかってるの？

ユキ　うん、準備不足だったんだ。

ブライアン　いやあ、ここでの１年目を思い出すなあ。

ユキ　そうなの？

ブライアン　うん。プレゼンをするのがすごく嫌いだったんだ。十分に準備期間を取らないといけないと気づくまではね。

ユキ　次はもっと早く準備を始めるようにしよう。

ブライアン　そうだね。僕は１か月前に準備を始めるようにしてるよ。

ユキ　私もそうしよう。ところで、今日の宿題の締切覚えてる？

ブライアン　うん、ピット先生が来週の木曜だって言ってたよ。

ユキ　えっと、来週の水曜日に私にリマインドしてくれる？

ブライアン　ユキ、君は本当に馬耳東風なんだね。

・・

17.1　the way SV··

〈the way SV〉には、「上級」7.1.7 で学んだ関係副詞 how の先行詞としての「〜する方法」以外に、**接続詞**としての用法があります。「**〜するように**」という「様態」の意味の副詞節を作ります。「中級」2.3 で学んだ接続詞の **as / like** と同様の意味を持ちます。

> I wish I could sing <u>the way you do</u>.
> あなたのように歌うことができればなあ。

One-Step Drill 🔁

聞こえてくる文を〈the way〉を使った文に言い換えましょう。

((Track No. Drill 17.1))

1） I can't dance like I used to. (the way)
　　私はかつてのように踊ることはもうできない。
　　➡　I can't dance the way I used to.

2） The human powered aircraft didn't fly as it did in the dry run. (the way)
　　その人力飛行機は試運転でうまくいったようには飛ばなかった。
　　➡　The human powered aircraft didn't fly the way it did in the dry run.

3） That place's ramen doesn't taste like it did before. (the way)
　　あの店のラーメンは以前のような味がしない。
　　➡　That place's ramen doesn't taste the way it did before.

4） I like myself as I am now. (the way)
　　今の自分が好きだ。
　　➡　I like myself the way I am now.

5）　In public places we shouldn't behave like we do at home. (the way)
　　公共の場所では家でするようにふるまうべきではない。

➡　　In public places we shouldn't behave the way we do at home.

17.2　数詞＋more＋名詞／another＋数詞＋名詞 ⋯⋯⋯

　「あと〜」と、可算名詞の残りの「数」を表す場合は、〈数詞 ＋ more ＋ 名詞〉を使います。

The company is going to open two more outlets in this region.
その会社はこの地域にあと 2 つ支店を出す予定だ。

You should bring one more pair of socks just in case.
念のためにもう 1 足靴下を持っていったほうがいい。

　これを〈another ＋ 数詞 ＋ 名詞〉で表現することもできます。another のあとには単数名詞を使うのがルールですが、この表現では「数詞 ＋ 名詞」をひとまとまりととらえ、**another のあとでも複数名詞**が使われます。 単数の場合は〈another ＋ 単数名詞〉ですみます。

The company is going to open another two outlets in this region.
その会社はこの地域にあと 2 つ支店を出す予定だ。

You should bring another pair of socks just in case.
念のためにもう 1 足靴下を持っていったほうがいい。

One-Step Drill ↷

聞こえてくる文を〈数詞 + more + 名詞〉または〈another + 数詞 + 名詞〉で
言い換えましょう。

((• Track No.
Drill 17.2 •))

1) We need another ten days to complete the task. (more)
   この仕事を終えるのにあと 10 日は必要だ。
   ➡ We need ten more days to complete the task.

2) Can I have one more pair of chopsticks, please? (another)
   お箸をもう 1 膳もらえますか？
   ➡ Can I have another pair of chopsticks, please?

3) Can you give me two more days to finish up this document? (another)
   この書類を仕上げるのにあと 2 日いただけませんか？
   ➡ Can you give me another two days to finish up this document?

4) Another five participants are needed in order to hold this tour. (more)
   このツアーを開催するためにはあと 5 人の参加者が必要だ。
   ➡ Five more participants are needed in order to hold this tour.

5) I have to write 1,000 more words to complete this assignment.
   (another)
   この課題を完成させるのにあと 1,000 ワード書かないといけない。
   ➡ I have to write another 1,000 words to complete this assignment.

17.3　remind 人 of 〜 ···

　〈remind 人 of 〜〉は「（人）に〜を思い出させる」という表現です。「思い出や過去の出来事、知っている人を思い出させる」という意味で使われます。「**これからするべきことを思い出させる**」という意味では 17.5 で練習する〈remind 人 **to do**〉が使われますので混同しないよう注意しましょう。

> This song <u>reminds</u> me <u>of</u> my high school days.
> この歌は私の高校時代を思い出させる。

> Thank you for <u>reminding</u> me <u>to</u> send the document.　（○）
> その書類を送ることを思い出させてくれてありがとう。

> Thank you for reminding me of sending the document.　（×）
> Thank you for reminding me of the document I have to send.　（×）

One-Step Drill 🔁

　聞こえてくる文を〈remind 人 of 〜〉で言い換えましょう。その際、続いて聞こえてくる語句を主語にしましょう。

🔊 Track No.
Drill 17.3

1）I remember my childhood. (This toy)
　　私は子ども時代を思い出す。
　　➡　This toy reminds me of my childhood.
　　　　このおもちゃは私の子ども時代を思い出させる。

2）He remembered his ex-girlfriend. (The perfume)
　　彼は元カノを思い出した。
　　➡　The perfume reminded him of his ex-girlfriend.
　　　　その香水は彼に元カノを思い出させた。

3) She remembers her grandmother. (Apple pies)
   彼女はおばあさんのことを思い出す。
   ➡ Apple pies remind her of her grandmother.
   アップルパイは彼女におばあさんのことを思い出させる。

4) The students remembered their summer school trip. (Those pictures)
   生徒たちは夏の修学旅行を思い出した。
   ➡ Those pictures reminded the students of their summer school trip.
   それらの写真は生徒たちに夏の修学旅行を思い出させた。

5) I remember my high school teacher. (Colin's friendly manner)
   私は高校の先生を思い出す。
   ➡ Colin's friendly manner reminds me of my high school teacher.
   コリンの親しみやすい態度は私に高校の先生を思い出させる。

17.4 make a point of 〜ing

〈make a point of 〜ing〉は「〜することを心がけている、〜することにしている」という意味のフレーズです。

I make a point of taking a hot shower every morning.
私は毎朝熱いシャワーを浴びることにしている。

One-Step Drill

聞こえてくる文を〈make a point of 〜ing〉で言い換えましょう。

Track No.
Drill 17.4

1) Vanessa meditates 30 minutes a day. (make a point)
   ヴァネッサは1日30分瞑想をする。
   ➡ Vanessa makes a point of meditating 30 minutes a day.
   ヴァネッサは1日30分瞑想をすることにしている。

2） I do 50 situps every morning. (make a point)

私は毎朝 50 回腹筋運動をする。

➡ I make a point of doing 50 situps every morning.

私は毎朝 50 回腹筋運動をすることにしている。

3） Ralph doesn't eat anything after 9 p.m. (make a point)

ラルフは午後 9 時以降何も食べない。

➡ Ralph makes a point of not eating anything after 9 p.m.

ラルフは午後 9 時以降何も食べないことにしている。

4） I visit this restaurant whenever I'm back in town. (make a point)

私は帰省する度にこのレストランを訪れる。

➡ I make a point of visiting this restaurant whenever I'm back in town.

私は帰省する度にこのレストランを訪れることにしている。

5） She sits in the first row so that she can see the whiteboard clearly. (make a point)

彼女はホワイトボードがはっきり見えるように最前列に座る。

➡ She makes a point of sitting in the first row so that she can see the whiteboard clearly.

彼女はホワイトボードがはっきり見えるように最前列に座ることにしている。

17.5 remind 人 to do ···

〈remind 人 to do〉は「（人）に〜することを思い出させる」という表現です。17.3 でも学習したように「これからするべきことを思い出させる」という意味で使われます。

Susan <u>reminded</u> me <u>to</u> take an umbrella.

スーザンは私に傘を持っていくことを思い出させてくれた。

I'll remind my students to hand in their assignments on time.

私は生徒に期日通りに課題を提出することをリマインドするだろう。

One-Step Drill ⤵

聞こえてくる文を、〈remind 人 to do〉を用い「〜することを思い出させる」という意味を持つ文に言い換えましょう。その際、さらに聞こえてくるフレーズから始まる文にします。

((Track No.)) Drill 17.5

1) I have to record the TV show this evening. (Could you remind me)
   私は今晩そのテレビ番組を録画しなければならない。
   ➡ Could you remind me to record the TV show this evening?
   今晩そのテレビ番組を録画するようリマインドしてもらえますか？

2) He must finish the report on time. (You'd better remind him)
   彼は期日通りにレポートを終わらせなければならない。
   ➡ You'd better remind him to finish the report on time.
   あなたは彼に期日通りにレポートを終わらせることをリマインドしたほうがいい。

3) You must separate the garbage. (How many times do I have to remind you)
   あなたはごみを分別しなければならない。
   ➡ How many times do I have to remind you to separate the garbage?
   ごみを分別するよう何度思い出させなければならないの？

4） I almost forgot to cancel my hairdressing appointment. (Thank you for reminding me)

美容院の予約をキャンセルするのを忘れるところだった。

➡ Thank you for reminding me to cancel my hairdressing appointment.

美容院の予約をキャンセルすることを思い出させてくれてありがとう。

5） Don't mix up recyclable garbage with non-burnable garbage. (The notice reminds you)

資源ごみを不燃ごみと混同してはならない。

➡ The notice reminds you not to mix up recyclable garbage with non-burnable garbage.

その張り紙は資源ごみを不燃ごみと混同しないようにリマインドしている。

Unit 18

How can we make a fantasy movie with as little as 500 dollars?
（たったの 500 ドルでどうやってファンタジー映画を作るの？）

ブライアンとユキは、受講している授業のプロジェクトでショート・フィルム
を共同制作することになりました。2 人で捻出できる予算は 500 ドルです。

Brian   Hey, can we talk about our end-of-term project?

Yuki   Sure. What kind of movie do you suggest?

Brian   What about a fantasy movie?

Yuki   How can we make a fantasy movie with *as little as* 500 dollars? You have to be more <u>budget-minded</u>^{※1}.

Brian   So what's your idea?

Yuki   I've just *come up with* a great idea. How about making a documentary about our college life?

Brian   That'll definitely be low budget, but who will want to watch it?

Yuki   Mmm ... making a good movie at a low cost is really difficult.

Brian   Yeah ...

Yuki   *Needless to say*, the quality of the movie is important, but at the same time, we do need to *stick to* the budget.

Brian   Yes, your idea of making a movie about college life is not bad, but I'm not sure about the idea of a documentary.

Yuki   Well, how does this sound? A story about a college girl who has the power to read people's minds.

Brian   That's <u>old hat</u>[※2]. Be more creative.

Yuki   Mmm ...

Brian   Looks like we need more time to *think* it *over*. Let's have a talk about this again tomorrow.

Yuki   Let's do that.

※ 1 　「予算を気にして」という意味の形容詞です。

((Track No. **))** Listening
Dialog 18.1

((Track No. **))** Role Playing (Yuki's Role)
Dialog 18.3

((Track No. **))** Repeating
Dialog 18.2

((Track No. **))** Role Playing (Brian's Role)
Dialog 18.4

ブライアン　ねえ、期末のプロジェクトについて話し合える？

　　　ユキ　もちろん。どんな映画がいいと思う？

ブライアン　ファンタジー映画はどうだろう？

　　　ユキ　たったの 500 ドルでどうやってファンタジー映画を作れるの？　もっと予算を気にしてよ。

ブライアン　じゃ、ユキの考えは？

　　　ユキ　たった今すごくいい考えが思い浮かんだんだ。私たちの大学生活についてのドキュメンタリーを作るっていうのはどうだろう？

ブライアン　それは絶対低予算になるだろうけど、誰がそんなもの見たいっていうんだよ？

　　　ユキ　うーん、低コストでいい映画を作るのってすごく難しいね。

ブライアン　そうだね。

　　　ユキ　言うまでもなく映画のクオリティーは大事だけど、同時に予算にもこだわる必要があるし。

ブライアン　うん。大学生活についての映画を作るっていうユキのアイデアは悪くないと思うんだ。でも、ドキュメンタリーっていうアイデアに関してはどうかな。

　　　ユキ　えっと、これはどう？　人の心を読む力を持つ女子大生の物語。

ブライアン　ありふれてるよ。もっとクリエイティブにならないと。

　　　ユキ　うーん…。

ブライアン　僕たちもっとよく考える時間が必要なようだね。明日もう一度このことについて話し合おう。

　　　ユキ　そうしよう。

※ 2　「ありふれた」「時代遅れの」という意味の表現。「古い帽子」は an old hat ですが、この意味で使うときは冠詞をつけません。

18.1 as few as 〜 / as little as 〜 ··································

〈as few as 〜〉と〈as little as 〜〉は「**たった〜（だけ）**」と、**少なさ（小ささ）を強調**します。

〈as few as 〜〉は「**数**」**の少なさ**を、〈as little as 〜〉は「**量**」**の少なさ**を表します。「数」とは人数や個数など、「量」とは金額、重さ、長さ、期間などのことです。

〈as many as 〜〉〈as much as 〜〉と同様、あとにくる名詞が可算名詞か不可算名詞かでは判断できませんので気をつけましょう。

> As few as five runners were able to finish the race.
> たった 5 人のランナーだけがそのレースのゴールにたどり着けた。

> The dinner costs as little as 1,000 yen.
> そのディナーはたったの 1000 円だ。

> You can complete this survey in as little as three minutes.
> たった 3 分だけでこのアンケートに回答できますよ。

One-Step Drill 🔁

聞こえてくる文を〈as few as 〜〉または〈as little as 〜〉を加えた文に言い換えましょう。

🔊 Track No. Drill 18.1

1) You can enjoy lunch for 800 yen at the restaurant. (change)
   そのレストランでは 800 円でランチを楽しめる。
   ➡ You can enjoy lunch for as little as 800 yen at the restaurant.
   そのレストランではたった 800 円でランチを楽しめる。

2）Three out of 100 cadets completed the hard training. (change)
　　100 人中 3 人の候補生がその厳しいトレーニングをやり終えた。

　　➡　As few as three out of 100 cadets completed the hard training.
　　　　100 人中 3 人の候補生のみがその厳しいトレーニングをやり終え
　　　　た。

3）This pressure cooker takes four minutes to cook rice. (change)
　　この圧力鍋なら 4 分でごはんが炊ける。

　　➡　This pressure cooker takes as little as four minutes to cook rice.
　　　　この圧力鍋ならたった 4 分でごはんが炊ける。

4）You'll be able to break 100 in golf with 12 lessons at our school.
　　(change)
　　当校の 12 回のレッスンであなたはゴルフスコア 100 を切ることができ
　　るだろう。

　　➡　You'll be able to break 100 in golf with as few as 12 lessons at our
　　　　school.
　　　　当校のたった 12 回のレッスンであなたはゴルフスコア 100 を切る
　　　　ことができるだろう。

5）The baseball player made a comeback from injury in one month.
　　(change)
　　その野球選手は 1 か月で故障から復帰した。

　　➡　The baseball player made a comeback from injury in as little as
　　　　one month.
　　　　その野球選手はわずか 1 か月で故障から復帰した。

18.2　come up with 〜 ···

〈come up with 〜〉は「〜を思いつく」という意味のフレーズです。

He <u>came up with</u> a solution to the long-lasting problem.
彼はその長引く問題の解決策を思いついた。

も同様の意味を持ちます。

He <u>thought of</u> a solution to the long-lasting problem.

One-Step Drill 🔁

聞こえてくる文を〈come up with 〜〉を使った文に言い換えましょう。

Track No.
Drill 18.2

1）She thought of a good idea to expand her business. (come up with)
彼女は事業を拡大するいいアイデアを思いついた。
➡　She came up with a good idea to expand her business.

2）I can't think of any reason why I failed the test. (come up with)
私はそのテストに落ちた理由が思いつかない。
➡　I can't come up with any reason why I failed the test.

3）Have you thought of a way to attract more patrons? (come up with)
より多くの顧客を引き付ける方法を思いつきましたか？
➡　Have you come up with a way to attract more patrons?

4）The chef has thought of a new menu for the summer season. (come up with)
シェフが夏季の新しいメニューを思いついた。
➡　The chef has come up with a new menu for the summer season.

5）　He thought of a twist to the story that no one could expect. (come up with)

彼は誰にも予想できない物語の展開を思いついた。

→　He came up with a twist to the story that no one could expect.

18.3　Needless to say ···

〈Needless to say〉は「**言うまでもなく**」という意味のフレーズで、自明のことを述べる際に使います。

Needless to say, he's guilty.
言うまでもなく、彼は有罪だ。

One-Step Drill 🎤

聞こえてくる2つ目の文の文頭に〈Needless to say〉をつけて言いましょう。

Track No.
Drill 18.3

1）　Mary didn't get first prize. She was disappointed. (Needless to say)
メアリーは1等賞を取れなかった。彼女はがっかりした。
→　Mary didn't get first prize. Needless to say, she was disappointed.
メアリーは1等賞を取れなかった。言うまでもなく、彼女はがっかりした。

2）　He cut the class again. He'll flunk the course. (Needless to say)
彼はまたその授業をサボった。彼は落第するだろう。
→　He cut the class again. Needless to say, he'll flunk the course.
彼はまたその授業をサボった。言うまでもなく、彼は落第するだろう。

3） Pedro was accepted by Oxford University. He studied hard to pass the exam. (Needless to say)

ペドロはオックスフォード大学に合格した。彼は試験に合格するために一生懸命勉強した。

➡ Pedro was accepted by Oxford University. Needless to say, he studied hard to pass the exam.

ペドロはオックスフォード大学に合格した。言うまでもなく、彼は試験に合格するために一生懸命勉強した。

4） We had a terrible time at that restaurant. We won't be eating there again. (Needless to say)

あのレストランではひどい目にあった。私たちがそこで食べることは二度とないだろう。

➡ We had a terrible time at that restaurant. Needless to say, we won't be eating there again.

あのレストランではひどい目にあった。言うまでもなく、私たちがそこで食べることは二度とないだろう。

5） The Beatles were a real game changer in the world of popular music. Many artists were influenced by them. (Needless to say)

ビートルズはポピュラー音楽の世界における真のゲームチェンジャーだった。多くのアーティストが彼らから影響を受けた。

➡ The Beatles were a real game changer in the world of popular music. Needless to say, many artists were influenced by them.

ビートルズはポピュラー音楽の世界における真のゲームチェンジャーだった。言うまでもなく、多くのアーティストが彼らから影響を受けた。

18.4　stick to 名詞 ··

〈stick to 名詞〉は「〜にこだわる」「〜に固執する」「〜を順守する」という意味の表現です。この to は to 不定詞ではなく前置詞の to ですので、あとには名詞がきます。

She's <u>sticking to</u> the traditional recipe for New Year dishes.
彼女はおせち料理の伝統的な作り方にこだわっている。

One-Step Drill ↻

聞こえてくる文を〈stick to 名詞〉を用いた文に言い換えましょう。その際、続いて聞こえてくるフレーズを使います。

Track No.
Drill 18.4

1）　We follow the schedule. (need to stick to)
　　私たちはスケジュールに従う。
　　➡　We need to stick to the schedule.
　　　　私たちはスケジュールを順守する必要がある。

2）　My father eats rice for breakfast. (tend to stick to)
　　私の父は朝食に米を食べる。
　　➡　My father tends to stick to rice for breakfast.
　　　　私の父は朝食に米にこだわる傾向がある。

3）　Why don't we use our original plan? (stick to)
　　元々の計画を使ってはどうだろう？
　　➡　Why don't we stick to our original plan?
　　　　元々の計画にこだわってはどうだろう？

4）　Let's follow the agenda. (try to stick to)
　　アジェンダに沿って進めましょう。
　　➡　Let's try to stick to the agenda.
　　　　アジェンダを順守するよう努力しましょう。

5) Paula uses additive-free soap when washing her face. (tend to stick to)
ポーラは洗顔をするときには無添加石けんを使う。

→ Paula tends to stick to additive-free soap when washing her face.
ポーラは洗顔をするときは無添加石けんにこだわる傾向がある。

18.5 think over ··

〈think over〉は「についてよく考える」という意味の句動詞です。ただ「考える」だけではなく、**何かについて理解しようとしている時や決断をする前**などに使われます。

We should <u>think over</u> the matter.
私たちはその件についてよく考えるべきだ。

ここで使われる over は副詞で、think と over の間に O を挟むこともあります。

We should <u>think</u> the matter <u>over</u>.

O が代名詞の場合は、必ず think と over の間に置かれます。

We should <u>think</u> it <u>over</u>.　（○）

We should think over it.　（×）

One-Step Drill 🔁

聞こえてくる文を〈think over〉を使った文に言い換えましょう。O が代名詞以外の場合は、O は〈think over〉のあとに、代名詞の場合は think と over の間に置くようにしましょう。

Track No. Drill 18.5

1） Let me consider your offer before deciding. (think over)

決定する前にあなたのお申し出をよく考えさせてください。

➡　Let me think over your offer before deciding.

2） Let's consider what we can do to lower our turnover rate. (think over)

私たちの会社の離職率を下げるために何ができるかをよく考えよう。

➡　Let's think over what we can do to lower our turnover rate.

3） I'll have to consider it tonight. (think over)

私はそれについて今晩よく考えなければならない。

➡　I'll have to think it over tonight.

4） You need to take time to consider what her words really mean. (think over)

あなたは彼女が言ったことが本当は何を意味しているのか時間をかけてよく考える必要がある。

➡　You need to take time to think over what her words really mean.

5） We should consider it carefully before coming to a decision. (think over)

私たちは決断をする前にそれについてよく考えるべきだ。

➡　We should think it over carefully before coming to a decision.

Unit 19
I didn't think my dad joke would crack them up
（僕のおやじギャグが爆笑を生むなんて思ってなかったよ）

ブライアンとユキが制作したショート・フィルムが上映会で大ウケし、
2人は満足げに感想を語り合っています。

Yuki　Brian, look at all these comments. They love our film.

Brian　Yeah, they really do.

Yuki　I'm so happy. I *can't get enough of* movies.

Brian　Neither can I.※1

Yuki　If we *keep on creating* films, we*'re bound to* succeed in the movie industry.

Brian　I can't be so optimistic like you, but this experience has made me decide to become a screenwriter. You know, it'll be great if we can talk about movies for many years to come.

Yuki　What do you mean?

Brian　Oh, nothing. I just want to enjoy my life surrounded by my favorite people.

Yuki　Yeah, same here. Hey, look at this comment. This guy really liked your joke.

Brian　I didn't think my dad joke※2 would *crack them up*.

Yuki　*To be honest*, neither did I.

Brian　Do you want to hear it again?

Yuki　No, thank you.

Brian　All right.

※1　「僕も大好きだよ」という意味ですが、"I can't get enough of movies." という否定文に対する応答ですので neither を使います。

((Track No.
Dialog 19.1)) Listening

((Track No.
Dialog 19.3)) Role Playing (Brian's Role)

((Track No.
Dialog 19.2)) Repeating

((Track No.
Dialog 19.4)) Role Playing (Yuki's Role)

ユキ ブライアン、このコメント全部読んで。みんな私たちの映画が大好きだって。

ブライアン うん。本当だね。

ユキ 私すごく幸せだよ。映画が大好き。

ブライアン 僕も大好きだよ。

ユキ 私たち、もし映画を作り続けたらきっと映画業界で成功するよね。

ブライアン ユキみたいには楽観的になれないけど、この経験は脚本家になるという決心を固めてくれたよ。ねえ、僕たちこれから何年もずっと映画の話をできたらいいなあ。

ユキ どういうこと？

ブライアン いや、何でもない。好きな人たちに囲まれて人生を謳歌したいっていうだけだよ。

ユキ うん、私も。ねえ、このコメント見て。この人、ブライアンのジョークがすごく好きだったって。

ブライアン 僕のおやじギャグが爆笑を生むなんて思ってなかったよ。

ユキ 正直に言うと、私も思ってなかった。

ブライアン もう一度聞きたい？

ユキ いいえ、結構です。

ブライアン 了解。

※2 「おやじギャグ」という意味です。

19.1 can't get enough of 〜 ··

〈can't get enough of 〜〉は、直訳すると「〜を十分（満足するまで）得ることは
できない」という意味ですが、これが転じて「**〜が大好きだ**」「**〜に夢中だ**」とい
う意味で使われます。

I <u>can't get enough of</u> chocolate.
私はチョコレートが大好きだ。

I <u>can't get enough of</u> Korean dramas.
私は韓国ドラマを見ることに夢中だ。

One-Step Drill ⤵

聞こえてくる文を〈can't get enough of 〜〉を用いた文に言い換えましょう。

(｢ Track No.
  Drill 19.1 ｣)

1) I like popsicles very much. (can't get enough of)
   私はアイスキャンディーが大好きだ。
   ➡ I can't get enough of popsicles.

2) She likes 80s music very much. (can't get enough of)
   彼女は 80 年代の音楽が大好きだ。
   ➡ She can't get enough of 80s music.

3) My girlfriend likes mystery novels very much. (can't get enough of)
   私の彼女はミステリー小説が大好きだ。
   ➡ My girlfriend can't get enough of mystery novels.

4) Henry likes the cappuccino at that cafe very much. (can't get enough
   of)
   ヘンリーはそのカフェのカプチーノが大好きだ。
   ➡ Henry can't get enough of the cappuccino at that cafe.

5） I like Okinawan food very much. (can't get enough of)
私は沖縄の食べ物が大好きだ。

→ I can't get enough of Okinawan food.

19.2 keep on ～ing ⋯⋯⋯⋯⋯⋯⋯⋯⋯⋯⋯⋯⋯⋯⋯⋯⋯⋯⋯⋯

〈keep on ～ing〉は「～し続ける」という意味を持つフレーズです。〈keep ～ ing〉とほぼ同じ意味を持ちますが、**on が入ると、より強い意志や執拗さが含意** されます。

Let's <u>keep on</u> study<u>ing</u> until the library closes.
図書館が閉まるまで勉強し続けよう。

〈keep on〉の後に to 不定詞を使うことはできませんので注意しましょう。

Let's keep on to study until the library closes. （×）

One-Step Drill ↻

聞こえてくる文を〈keep on ～ing〉を用いた文に言い換えましょう。

（ Track No.
Drill 19.2 ）

1） He banged on the door late at night. (keep on)
彼は夜遅くにドアを叩いた。

→ He kept on banging on the door late at night.
彼は夜遅くにドアを叩き続けた。

2） Doris made the same errors at work. (keep on)
ドリスは仕事で同じミスをした。

→ Doris kept on making the same errors at work.
ドリスは仕事で同じミスをし続けた。

3) She worked day after day to figure out the cause of the problem. (keep on)

彼女はその問題の原因を解明するために来る日も来る日も働いた。

➡ She kept on working day after day to figure out the cause of the problem.

彼女はその問題の原因を解明するために来る日も来る日も働き続けた。

4) The athlete ran despite the pain in his leg. (keep on)

そのアスリートは脚が痛いにもかかわらず走った。

➡ The athlete kept on running despite the pain in his leg.

そのアスリートは脚が痛いにもかかわらず走り続けた。

5) The woman complained about the server's rude attitude. (keep on)

その女性は接客係の失礼な態度に苦情を言った。

➡ The woman kept on complaining about the server's rude attitude.

その女性は接客係の失礼な態度に苦情を言い続けた。

19.3 be bound to do

〈be bound to do〉は「必ず〜する」「きっと〜する」という意味のフレーズです。

He's bound to win back his seat in the Diet.

彼は必ず議席に返り咲くだろう。

※Diet は日本の国会、アメリカの国会は Congress、イギリスの国会は Parliament です。

〈be sure to do〉や〈be certain to do〉も同様の意味を持ちます。

He's sure to win back his seat in the Diet.

He's certain to win back his seat in the Diet.

※〈be certain to do〉はフォーマルな表現です。

One-Step Drill ↪

聞こえてくる文を〈be bound to do〉を用いた文に言い換えましょう。

(Track No.
Drill 19.3)

1） He's sure to succeed in life. (bound)

彼はきっと人生で成功を収める。

➡ He's bound to succeed in life.

2） That part is sure to be on the test. (bound)

そこはきっとテストに出るよ。

➡ That part is bound to be on the test.

3） Putting Levi and Alfie in the same group is certain to cause conflict. (bound)

リーヴァイとアルフィーを同じグループにすると必ずもめごとが起こる。

➡ Putting Levi and Alfie in the same group is bound to cause conflict.

4） The band is certain to break up sooner or later. (bound)

そのバンドは遅かれ早かれきっと解散する。

➡ The band is bound to break up sooner or later.

5） This new merchandise is certain to yield huge benefits for our company. (bound)

この新商品は私たちの会社に必ず莫大な利益をもたらす。

➡ This new merchandise is bound to yield huge benefits for our company.

19.4 crack 人 up··

〈crack 人 up〉は「(人)を爆笑させる」という表現です。主に口語で使われます。

> Her joke <u>cracked</u> me <u>up</u>.
> 彼女のジョークは私を爆笑させた。

One-Step Drill ⤵

聞こえてくる文を〈crack 人 up〉を用いた文に言い換えましょう。

Track No.
Drill 19.4

1） The comedian's jokes always make me laugh. (crack up)
そのコメディアンのジョークはいつも私を笑わせる。
→ The comedian's jokes always crack me up.
そのコメディアンのジョークはいつも私を爆笑させる。

2） The meme made her laugh. (crack up)
そのミームは彼女を笑わせた。
→ The meme cracked her up.
そのミームは彼女を爆笑させた。
※meme とは、インターネット上で拡散される画像や動画のことです。

3） That commercial always makes him laugh. (crack up)
そのコマーシャルはいつも彼を笑わせる。
→ That commercial always cracks him up.
そのコマーシャルはいつも彼を爆笑させる。

4） The clown's antics made them laugh. (crack up)
クラウンのおどけた仕草が彼らを笑わせた。
→ The clown's antics cracked them up.
クラウンのおどけた仕草が彼らを爆笑させた。

5）　I bet that video will make you laugh. It's gone viral. (crack up)
その動画を見たらきっと笑うよ（その動画はきっとあなたを笑わせるだろう）。
それバズったんだ。

➡　I bet that video will crack you up. It's gone viral.

その動画を見たらきっと爆笑するよ（その動画はきっとあなたを爆笑さ
せるだろう）。それバズったんだ。

19.5　To be honest ···

〈To be honest〉は「正直に言うと」という意味のフレーズです。

What did you think about my sales plan?
私の販売計画についてどう思った？

To be honest, I think there is room for improvement.
正直に言うと、改善の余地があると思う。

〈Honestly speaking〉も同様に使われます。

Honestly speaking, I think there is room for improvement.

「言いにくいことを言う」際に使われる表現ですので、以下のような文脈では
使用しないよう注意しましょう。

To be honest, I like your plan very much.　（×）
Honestly speaking, I like your plan very much.　（×）

One-Step Drill ↪

聞こえてくる文を〈to be honest〉を用いた文に言い換えましょう。

((• Track No. •))
(• Drill 19.5 •)

1）Honestly speaking, the movie was a bit of a letdown. (To be honest)
正直に言うと、その映画はちょっと期待はずれだった。

➡ To be honest, the movie was a bit of a letdown.

2）Honestly speaking, I don't like the design of their new album cover. (To be honest)
正直に言うと、彼らの新しいアルバムのカバーのデザインが好きではない。

➡ To be honest, I don't like the design of their new album cover.

3）Honestly speaking, the way she talks sometimes annoys me. (To be honest)
正直に言うと、私はたまに彼女の話し方にイライラする。

➡ To be honest, the way she talks sometimes annoys me.

4）Honestly speaking, the food at that new restaurant is pretty awful. (To be honest)
正直に言うと、あの新しいレストランの食事はかなりまずい。

➡ To be honest, the food at that new restaurant is pretty awful.

5）Honestly speaking, this job is too much for him to handle. (To be honest)
正直に言うと、この仕事は彼の手に負えない。

➡ To be honest, this job is too much for him to handle.

Unit 20
Working with you means a lot to me
（ユキと一緒に仕事をすることが僕にとってとても重要なんだ）

ユキとブライアンはアカデミー賞授賞式の中継を一緒に見ています。

Brian Who do you think the original screenplay award will go to? I think it'll go to John Eastwood.

Yuki Stanley Coppola <u>for sure</u>[1]. Hey, look. They're about to announce the winner. (The winner is announced.)

Brian Yay! Eastwood got it. I was right.

Yuki It's just insane. Coppola should have gotten it.

Brian Eastwood is giving his acceptance speech.

Yuki Do you *ever* imagine you and me standing on that stage and giving a speech?

Brian Well, I know it's just a dream, but you kind of make me feel it could happen.

Yuki *YOU make me feel it could happen.* You know, it's tough for me as a non-native speaker of English to write scripts, but your advice is always to the point and now I have more confidence in my English.

Brian I'm glad you feel <u>that way</u>[2]. You're full of ideas for plots, so working with you *means a lot to* me. You're my inspiration.

Yuki You probably *think too highly of* me, but I'm happy to hear that.

Brian I'd *be so honored to* receive an Oscar.

Yuki I definitely would, too.

Brian What would you say in your speech?

Yuki I would say ... I'm meant to be here.

※1 「確実に」という意味を持つ副詞句。
※2 「そのように」という意味の副詞句で、in that way の in が省略されているものです。

((• Track No. •)) Listening
Dialog 20.1

((• Track No. •)) Role Playing (Yuki's Role)
Dialog 20.3

((• Track No. •)) Repeating
Dialog 20.2

((• Track No. •)) Role Playing (Brian's Role)
Dialog 20.4

ブライアン　脚本賞、誰が受賞すると思う？　僕はジョン・イーストウッドだと思う。

　　ユキ　絶対スタンリー・コッポラ。見て、受賞者が発表されるよ。（受賞者が発表されます。）

ブライアン　やった！　イーストウッドが取った。僕の正解！

　　ユキ　そんなのおかしいよ。コッポラが受賞するべきだったのに。

ブライアン　イーストウッドが受賞スピーチをするよ。

　　ユキ　ブライアンと私があの舞台に立ってスピーチをしているところを想像することってある？

ブライアン　うーん、ただの夢だとはわかっているんだけど、そんなことが起こるかもしれないとユキは感じさせてくれるんだよね。

　　ユキ　ブライアンが私にそんなことが起こるかもって感じさせてくれてるんだよ。ほら、英語のネイティブ話者ではない私が脚本を書くのってとても難しいけど、ブライアンのアドバイスがいつも的確だから今は自分の英語により自信を持ってるんだ。

ブライアン　そんなふうに感じてくれて嬉しいよ。ユキはプロットのアイデアをいっぱい持ってるから、ユキと一緒に仕事をすることが僕にとってとても重要なんだ。ユキは僕のインスピレーションなんだよ。

　　ユキ　たぶん私のこと買いかぶってると思うけど、そう言ってもらえて嬉しいよ。

ブライアン　もしオスカーを受賞したらすごく名誉に思うだろうなあ。

　　ユキ　私も絶対そう思うだろうね。

ブライアン　スピーチでは何て言う？

　　ユキ　私はこう言うよ…私はここにいるべくしている。

20.1 経験・予定の ever ···

　ever は現在完了・経験用法の疑問文でよく使われる副詞ですが、現在形や過去形、未来を表す文でも使われます。**現在完了や過去形**では「**経験**」を、**未来を表す文**では「**予定**」を、**現在形**では「**経験**」「**予定**」両方のニュアンスを含む文を作ります。

現在完了（現在までの「経験」をたずねる。）

　　Have you <u>ever</u> played golf?

　　今までにゴルフをしたことがありますか？

過去形（過去の時点での「経験」をたずねる。）

　　Did you <u>ever</u> play golf when you were in California?

　　カリフォルニアにいた時、ゴルフをしたことがありましたか？

未来を表す文（今後の「予定」をたずねる。）

　　Will you <u>ever</u> play golf?

　　（今後）ゴルフをすることがありますか？

現在形（最近の「経験」と今後の「予定」をたずねる。）

　　Do you <u>ever</u> play golf?

　　ゴルフをすることがありますか？

One-Step Drill ↻

聞こえてくる文に ever を加えて言いましょう。

Track No.
Drill 20.1

1) Do you go mountain climbing? (ever)
山登りはしますか？

➡ Do you ever go mountain climbing?
山登りをすることはありますか？

2) Did he travel by himself? (ever)
彼は 1 人で旅行をしたのですか？

➡ Did he ever travel by himself?
彼は 1 人で旅行をしたことがありましたか？

3) Did you see any polar bears when you lived in Alaska? (ever)
アラスカに住んでいた時、シロクマを見ましたか？

➡ Did you ever see any polar bears when you lived in Alaska?
アラスカに住んでいた時、シロクマを見たことがありましたか？

4) Does she walk to her office? (ever)
彼女は職場へ歩いて行きますか？

➡ Does she ever walk to her office?
彼女は職場へ歩いて行くことはありますか？

5) You've visited the East Coast many times. Will you visit the West Coast? (ever)
あなたは何度も（アメリカの）東海岸へ訪れたことがある。（今後）西海岸は訪れますか？

➡ You've visited the East Coast many times. Will you ever visit the West Coast?
あなたは何度も（アメリカの）東海岸へ訪れたことがある。（今後）西海岸を訪れることはありますか？

20.2 強調による含意 ··

応答する際、特定の語をあえて強調し「〇〇ではなく△△だ」という意味を含ませることがあります（以下、強調する語は大文字で表記します）。

It's my umbrella.
それは私の傘です。

It's MY umbrella.
それは（あなたのではなく）私の傘です。

It's my umbrella. という発言に対し、It's MY umbrella. というように応答文の my を強調することで、「あなたのではなく私の傘」というニュアンスを含ませることができます。

One-Step Drill 🔁

聞こえてくる文に対し、続いて聞こえてくる語を強調して、「〇〇ではなく△△だ」ということを含意する応答文を作りましょう。

🔊 Track No.
Drill 20.2

1) You're responsible for taking out the trash. (You)
   あなたがゴミ出しの担当だよ。
   ➡ YOU're responsible for taking out the trash.
      （私ではなく）あなたがゴミ出しの担当でしょ。

2) I asked you to complete it today. (tomorrow)
   私はあなたに今日それを仕上げるよう頼んだでしょ。
   ➡ You asked me to complete it TOMORROW.
      あなたは私に（今日ではなく）明日それを仕上げるよう頼んだよ。

3）It looks delicious. (is)

　　おいしそうだね。

　　➡　It IS delicious.

　　　　（おいしそうではなく）おいしいの。

4）She's the former mayor. (incumbent)

　　彼女は元市長だ。

　　➡　She's the INCUMBENT mayor.

　　　　彼女は（元ではなく）現職の市長だ。

5）He said he'd like to visit Nova Scotia or Ontario. (and)

　　彼はノバスコシアかオンタリオに行きたいと言ってたよ。

　　➡　He said he'd like to visit Nova Scotia AND Ontario.

　　　　彼はノバスコシアとオンタリオの（どちらかではなく）両方に行きたい
　　　　と言ってたんだよ。

20.3　mean a lot to 人 ⋯⋯⋯⋯⋯⋯⋯⋯⋯⋯⋯⋯⋯⋯⋯⋯⋯⋯

〈mean a lot to 人〉は「**（人）にとってとても大事だ**」という意味を持つフレーズ
です。しばしば「大事だ」という意味に加えて、「**ありがたい**」や「**嬉しい**」など、
感謝の気持ちを含意します。

　　Her constant support <u>meant a lot to</u> me.

　　彼女の持続的なサポートは私にとってとても大事だった。

One-Step Drill

聞こえてくる文を〈mean a lot to 人〉を用いた文に言い換えましょう。

Track No.
Drill 20.3

1）You're very important to me. (mean a lot)

　　あなたは私にとってかけがえのない人だ。

　　➡　You mean a lot to me.

2）　This place is very important to my family.（mean a lot）
この場所は私の家族にとってとても大事だ。

　➡　　This place means a lot to my family.

3）　It's very important to me that I'm here with you.（mean a lot）
こうしてあなたとご一緒できることは私にとってとても大事だ。

　➡　　It means a lot to me that I'm here with you.

4）　It's very important to us to have you on our team.（mean a lot）
あなたがこのチームにいることは私たちにとって非常に重要なことで
す。

　➡　　It means a lot to us to have you on our team.

5）　Your continued support will be very important to her.（mean a lot）
あなたの継続的なサポートは彼女にとってとても重要だろう。

　➡　　Your continued support will mean a lot to her.

20.4　think too highly of 〜

〈**think too highly of 〜**〉は「**〜を買いかぶる**」「**〜を過大評価する**」という意味を持つフレーズです。**overestimate** も同様の意味を持ちます。

The politician <u>thinks too highly of</u> his popularity despite his terrible reputation.
その政治家はひどい評判にもかかわらず自分の人気を過大評価している。

➡　The politician <u>overestimates</u> his popularity despite his terrible reputation.

One-Step Drill ⤵

聞こえてくる文を〈think too highly of 〜〉を用いた文に言い換えましょう。

🔊 Track No.
Drill 20.4

1） People tend to overestimate their own intelligence. (think)
人々は自らの知性を過大評価しがちだ。

　→　People tend to think too highly of their own intelligence.

2） The woman overestimates the value of her own opinion. (think)
その女性は自分の意見の価値を過大評価している。

　→　The woman thinks too highly of the value of her own opinion.

3） He overestimates his own musical talent. (think)
彼は自分の音楽の才能を買いかぶっている。

　→　He thinks too highly of his own musical talent.

4） If you ask me, he overestimates his communication skills. (think)
私に言わせれば、彼は自分のコミュニケーションスキルを買いかぶっている。

　→　If you ask me, he thinks too highly of his communication skills.

5） Darcy always overestimates herself and never admits her own mistakes. (think)
ダーシーはいつも自分のことを過大評価してミスを決して認めない。

　→　Darcy always thinks too highly of herself and never admits her own mistakes.

20.5 be honored to do ···

〈be honored to do〉は「〜して光栄だ」という意味の表現です。

I'm honored to meet you.
私はあなたにお会いできて光栄です。

〈It's an honor for 人 to do〉も同様の意味を持ちます。

It's an honor for me to meet you.

人が話者本人（me や us）の場合は〈for 人〉を省略するのがふつうです。

It's an honor to meet you.

One-Step Drill ↰

聞こえてくる文を〈be honored to do〉を用いた文に言い換えましょう。続いて
聞こえてくる語を主語にします。

((• Track No. •))
Drill 20.5

1） It's an honor to be part of this organization. (I)
この組織の一員でいることができて光栄です。
　➡　I'm honored to be part of this organization.

2） It's an honor to take on a leading tennis player like you. (I)
あなたのような一流のテニス選手と対戦できて光栄です。
　➡　I'm honored to take on a leading tennis player like you.

3） It's an honor to have you here as a special guest. (We)
スペシャルゲストとしてあなたをここにお招きできて光栄です。
　➡　We're honored to have you here as a special guest.

4)　It was an honor for Angus to be chosen as a godfather of his best friend's son. (Angus)

アンガスは親友の息子の名付け親に選ばれて光栄に思った。

➡　Angus was honored to be chosen as a godfather of his best friend's son.

5)　It was an honor for them to be nominated for the award. (They)

彼らはその賞にノミネートされて光栄だった。

➡　They were honored to be nominated for the award.

参考文献

Raymond Murphy. Basic Grammar in Use. 4th ed. (Cambridge University Press)
Raymond Murphy. Grammar in Use Intermediate. 4th ed. (Cambridge University Press)
Martin Hewings. Advanced Grammar in Use. 3rd ed. (Cambridge University Press)
綿貫陽・宮川幸久・須貝猛敏・高松尚弘『徹底例解ロイヤル英文法 改訂新版』(旺文社)
『ジーニアス英和辞典 第 6 版』(大修館)
『プログレッシブ英和中辞典 第 5 版』(小学館)

［著者紹介］

中村佐知子（なかむら・さちこ）
1975 年大阪府生まれ。神戸市外国語大学外国語学部国際関係学科卒業。2005
年から 2017 年まで、ECC 外語学院に英会話講師として勤務。主に全日制英会
話専科で、スピーキング・リスニング指導やスピーチ・プレゼンテーション指導に
従事。さらに教務トレーナーとして講師研修、指導マニュアルの作成などに当た
る。2017 年、Temple University Japan Campus TESOL 修士課程修了。現在
は、東北大学高度教養教育・学生支援機構講師。

横山雅彦（よこやま・まさひこ）
1964 年兵庫県生まれ。東京外国語大学大学院地域文化研究科博士前期課程修
了。現在、関西国際大学准教授。著書に、『高校生のための論理思考トレーニン
グ』『「超」入門！ 論理トレーニング』（ちくま新書）、『大学受験に強くなる教養講
座』『完全独学！ 無敵の英語勉強法』『英語バカのすすめ──私はこうして英
語を学んだ』（ちくまプリマー新書）、『ロジカル・リーディング──三角ロジックで英
語がすんなり読める』（大和書房）などがある。

コミュニケーションのための英会話スーパードリル
英語のハノン　フレーズ編

2023 年 2 月 28 日　初版第一刷発行
2023 年 3 月 25 日　初版第二刷発行

著　者　　　　中村佐知子
　　　　　　　横山雅彦

英文校閲　　　マイケル・モリソン

装幀・デザイン　永松大剛

発行者　　　　喜入冬子

発行所　　　　株式会社筑摩書房
　　　　　　　〒 111-8755　東京都台東区蔵前 2-5-3
　　　　　　　電話　03-5687-2601（代表）

印刷・製本　　中央精版印刷株式会社

ISBN 978-4-480-81688-7 C0082 Printed in Japan
©Nakamura Sachiko and Yokoyama Masahiko 2023

〈ちくま新書〉
高校生のための論理思考トレーニング
横山雅彦

日本人は議論下手。なぜなら「論理」とは「英語の」思考様式だから。日米の言語比較から、その背後の「心の習慣」を見直し、英語のロジックを日本語に応用する。2色刷。

〈ちくま新書〉
「超」入門！ 論理トレーニング
横山雅彦

「伝えたいことを相手にうまく伝えられない」のはなぜか？ 日本語をロジカルに運用し、論理思考をコミュニケーションとして使いこなすためのコツを伝授！

〈ちくまプリマー新書〉
大学受験に強くなる教養講座
横山雅彦

英語・現代文・小論文は三位一体である。本書では、それら入試問題に共通する「現代」を六つの角度から考察することで、読解の知的バックグラウンド構築を目指す。

〈ちくまプリマー新書〉
完全独学！ 無敵の英語勉強法
横山雅彦

受験英語ほど使える英語はない！「ロジカル・リーディング」を修得すれば、どんな英文も読めて、ネイティブとも渡り合えるようになる。独学英語勉強法の決定版。

〈ちくまプリマー新書〉
英語バカのすすめ
――私はこうして英語を学んだ
横山雅彦

本気で英語力を身につけたいのなら、全身全霊を傾け、「英語バカ」になることだ。自称「英語バカ」の著者の学びの足跡を追い「学ぶ方法」と「学ぶ意味」を考える。